JN085638

エスノメソドロジー　住まいの中の小さな社会秩序

家庭における活動と学び

身体・ことば・モノを通じた対話の観察から

是永 論／富田晃夫 [編著]

明石書店

まえがき

　本書は、編著者である是永の呼びかけにより参加した各分野の研究者と、富田晃夫氏をはじめとするミサワホーム総合研究所の所員によって構成された、「生活者行動観察研究会」による7年近くにわたる共同研究の成果をまとめたものである。

　しかしながら、本書の研究は、専門の研究者や開発者を読者に想定したいわゆる研究書としての研究とは異なる、二つの特徴を持っている。

　その一つは、主に子どもと親の関係を中心に、住まいの中で日々に営まれている活動を撮影したビデオデータから、研究により提供されるワークという分析視点（序章参照）を手がかりに、読者自身が生活者としての新たな「気づき」を得ることを目的としている点である。つまり、家庭に関わる研究分野や住宅に関連した職務にたずさわっているかどうかにかかわりなく、本書については「家庭にいる／いた」生活者として誰もが読者となり得る。

　いま一つは、共同研究についての研究者どうしの関係や、研究者と企業との関係が、教育学や社会学といった既存の研究（専門）分野をもとにして築かれているのではなく、ひとえに「住まい」という観察現場（フィールド）の共有によって、ゆるやかに形づくられている点である。といっても、本書は、多様な研究背景をもつ執筆者が、各自の関心だけから同じフィールドについての観察結果をただ書き記したものではなく、あくまで家庭にいる（いた）生活者の視点にしたがって、各自がフィールドについての知見を紡いでいく形でまとめられている。そのために、本書は、家庭での活動を空間・感情・メディアという三部に分けた上で、各章のテーマにしたがって、それぞれにおける身体・言葉・モノを通した家庭の人々の対話を中心に分析を展開するという構成になっている。各章のテーマは、分析上のポイントとして巻頭にまとめられている。そちらで興味のあるところだけを選んで各章を読むことも可能であるが、本書における分析テーマの背景および方法の特徴についてあらかじめ理解いただく意味では、まず序章を読むことをおすすめする。また、「索引」には学術用語だけでなく、家庭での対話に関わる言葉を多くリストアップしているので、こちらも読む上での参考になるだろう。

　じっさいに本書がフィールドとした住宅は特定の二軒にとどまり、データの量的な収集を基本とする従来の研究分野からいえば、そうした限られた対象から観察で得られたものは「代表性」や「客観性」がないとして、多くの人に訴えるような意義があるのかを疑われることになるかもしれない。しかし、エスノメソドロジーという方法（序章参照）をもとに、本書が家庭にいる（いた）誰にとっても、何かの「気づき」をもたらす可能性を編著者は確信しているし、どのような「分野」に位置づけられるかに関係なく、読者のもとで浮かび上がってくる「気づき」それこそが、ひとえに本書の目指すものである。

　以上を前提としつつ、本書は所収の事例を通して、エスノメソドロジーを主とした観察の方法を実地的に学べることもねらいとしている。コラムを含めて著者の多くが相互行為分析や会話分析などに専門的にたずさわるものでもあり、研究としての分析例およびその背景知識を大学の演

習や講義などに是非活用されたい。

　それとともに、読者が住まいでの生活について抱く印象や感慨といったものについても、本書の分析を結びつける手がかりとなるように、所員の方を中心に執筆した、「気づき」としての具体的な例を合わせて各部に置くことにした。

　以上の特徴とともに本書を生み出した共同研究の成り立ちについては、「プロローグ」で研究所の視点から、「あとがき」で大学研究者の視点から、それぞれの立場を交えて書かれている。

　2020年以来のコロナ禍の状況において、まさに「ステイ・ホーム」が社会の標語ともなる中で、これまで当たり前のように感じられていた「家庭にいる（いた）こと」について、新たな視点が投げかけられている。本書のデータはそれ以前の状況で取られたものであるが、そのような視点からの検討にもつながる「気づき」が、いまを生きる読者にもたらされることを、本書を送り出す者として大いに期待したい。

2021年5月

編著者　是永　論

凡例

本書内でデータを取り扱う際に用いる転記（トランスクリプト）記号については、おおむね下記のようになっている（串田・平本・林［2017］などを参照）。基本的にすべての記号は半角で表記される。

○各行の冒頭の数字は行番号を示す。
○発話と発話の時間的位置を示す記号は、以下のとおりである。

[	：上下の行で二人以上が同時に話し始めている位置を示す。

例　　A:　　ºああ そうな [↓の :?º
　　　B:　　　　　　　　[º たくさんいる↓から:

]	：二人以上が同時に話している状態が解消された位置を示す。

例　　A:　　はい [お 疲 れ さ ま で し ↑た]
　　　B:　　　　[ありがとう ございまし↓た]

=	：前後の発話が切れ目なく続いていることを示す。基本的に複数の発話の関係を示すために、行末と行頭とにセットで用いる。

例　　A:　　そうなんですか?=
　　　B:　　=そ↑う↓だよ:.

(数字)	：括弧内の数値はその秒数の間が無音であることを十分の一秒単位で示す。
(.)	：無音の発声がごくわずかか、秒数として特定されない場合を示す。

○発話の仕方の特徴を示す記号は、文字表記にともなう以下の形式にしたがっている。

文字:	：直前の文字で表された音が引き延ばされていることを示す。コロンの数が多いほど引き延ばしが長い。
文字.	：尻下がりの抑揚を示す。
文字?	：尻上がりの抑揚を示す。
文字,	：まだ続くように聞こえる抑揚を示す。
hh	：呼気音を示す。多くの場合、笑いとして聞こえる発声を示す。hが多いほど呼気音が長い。
文字	：強く発話されている部分を示す。
º文字º	：弱く発話されている部分を示す。
↑文字	：直後の音が高くなっていることを示す。
↓文字	：直後の音が低くなっていることを示す。
¥文字¥	：笑っているような声の調子で発話していることを示す。

○転記者から読者への説明を示す記号については、下記のとおりである。

(　　)	：聞き取り不能な発声があることを示す。
《　》	：転記者による説明を示す。
←	：分析において注目する行を示す。

第 1 章
生活行動を通して発見する場所の意味

住み込まれた場所と新たに出会うこと

> キーワード：生活行動と場所　意味の重層性　特別な段差の集合体

 物の配置を決める要因

形と色が法則的に並んだ配置

　物を配置するときに、置かれる物の特徴によって綺麗に見える配置があります。形がピッタリそろっていたり、色がそろっていたり、規則的に互い違いになっていたり。こうした配置は、一見綺麗に片付いて見えますが、生活環境においては必ずしもこれだけが選択される配置とは限らず、あえて異なる配置が選択されることがあります。

　その場所が部屋の中のどこに位置するのか、どのような生活行動がその周りで営まれているのかと関係して、場所の意味は多重になります。この章では、生活行動が発見する場所について考えてみます。

② 生活行動にとっての場所の意味

例 1.3・例 1.4 より

写真左「黒やっちゃだめなの、黒はあっち《ダイニングテーブルの方を指さしながら》」

写真中「あっちは白じゃないとさ、白だ、白白《ダイニングテーブルの方を指さしながら》」

写真右「《収納場所の右側を指さしながら》あー、ねぇ、白はあっちにやって欲しいんだよなー。」「手垢がすごいから、そこに置くと」

【事例】

　この事例は、市松模様にブロック椅子（序章 42 頁参照）を収納しようとする長男に向って、長女が何度も繰り返し反対意見を述べる場面です。それまで自分の意見に従っていた長女が急に意見をしたことで長男との間で口論が生じますが、最終的には長男は長女を押しのけて、自分の目指す模様を完成させます。

　それに続く場面で、母親も長女と同様の主張を行います。今度は、白は汚れやすく、ダイニングテーブル付近に置くと汚れが目立つ、という理由が述べられます。

例 1.5 より

【事例】

ブロック椅子を片づけている長男に対して、母親が「大きいの 2 個くらいは」「いつもの取り

やすいところ」に置いておくように伝える場面です。長男は、母親の指示にしたがって、長女に「これはまだ」と指示をだし、写真にあるようにブロック椅子大が左上の「取りやすいところ」に収納されました。

【ポイント】

　これらの事例が示しているのは、生活の場では、色や形が整然とした配置よりも優先され得る事情が多々あるということです。一つ目の事例では、成長期の子どもたちの手垢が「つきやすい場所」と「つきにくい場所」が母親によって区別されています。家を清潔に保つことに関心のある母親にとって、汚れが目立つ白色はできれば手垢が「つきにくい場所」に置いてほしいものなのでしょう。

　また、予備的な椅子として用いられるブロック椅子は、取り出しやすい上段に収納することが求められています。こうした事情もあって、生活場面の収納は、事情を知らないものにとっては雑然として見えたりしますが、必ずしもいい加減にしまわれているだけではないのです。

③ 新しい課題と場所の発見

例 1.6 より

【事例】

　お好み焼きのタネを混ぜるのにちょうど良い場所を求めて、大きなボールとヘラをもってうろうろする長女の様子です。キッチンからトークサイト（序章 36 頁参照）へ、トークサイトからダイニングテーブルへ、ダイニングテーブルからホームワークコーナー（序章 36 頁参照）に向かいかけて、またトークサイトへと戻ってきます。

【ポイント】

　ここでのポイントは、新しい生活行動に参入することが、馴染みの環境を新たに探索しなおすきっかけとなっていることです。お好み焼きのタネを混ぜることは、文字や絵をかくこと、食事をすること、本や画面を眺めることとはだいぶ異なる課題です。馴染みの環境なのに、ボールをもって居心地悪くウロウロと彷徨うことになります。

④ 身体と環境の意味

例 1.6 より

【事例】
　母親はキッチンに立ったまま混ぜることができます。また、長男は、トークサイトに立膝が「ちょうどいい」ようです。母親、長男、長女の全員が、「お好み焼きのタネを混ぜる」という同じ課題を、異なる場所で異なる姿勢で行っています。

【ポイント】
　場所は、それ自体に意味があるわけではありません。それぞれの身体のスケールによって、場所の意味は異なります。同じ住居に長く住めば、子どもたちは成長とともに、大人も加齢とともに同じ場所に異なる意味を発見し続けることになります。

◆この章からの「気づき」
・生活者は、生活行動を通して「行動にとっての意味のある場所」を発見する。
・それぞれの生活者が異なる生活行動に関わっているため、家族は一つの場所に重層的に場所を発見する。
・新しい生活行動や身体の成長は、馴染みの場所との新しい出会いをもたらす。
・長く住み続けた住居は、繰り返し新たに出会うことを繰り返すことを通して特別な場所となっていく。

第2章
片づけはなぜ難しいのか
その困難さと対処戦略の「しくみ」

キーワード：子どもの片づけ　質問のテクニック　戦略資源としての「大人 / 親」

① 質問テクニックを用いた「教授」と「訓練」①

例 2.1 より

　まずこの例では、ごく幼い子ども（事例では当時3歳の次男）を片づけへと方向づけるのにどんなやりかたがあるのか、という点について見ていきます。遊びに夢中でいっこうに片づけようとしない次男に対して母親は「いま何の時間かな？」と、その場で求められている行為への方向づけ効果をもつ「**時空間の性質についての確認質問**」によって次男を片づけに向かわせようとしますが、当の次男は母親がそのように声をかけてもほとんど聞く耳をもちません。

　しかし、長男が次男の遊んでいたおもちゃを取り上げ、次男の手の届かない場所にもっていってしまうと状況は一変。「じゃあ、いま何する時間か教えてくれたら取ってあげる」と、おもちゃを取ってあげることを条件に次男をやりとりの土俵に乗せることに成功します。

② 質問テクニックを用いた「教授」と「訓練」②

　ようやく問答に乗ってきた次男は、「いま何する時間？」という問いに対し、すったもんだありながらもなんとか「片づけ」と答えます。それを受け母親はおもちゃを渡しかけますが、直前で思いなおし手を引っ込めます。母親がそうしたのはおそらく、次男がそもそも「片づけとは何か」がわからぬまま言葉の上だけで「片づけ」と答えていたのではないか、という疑問を感じたからです。

例 2.1 続きより

　そこで母親はあらためて、「片づけっていうのは何だかわかる?」と問いかけます。この瞬間、やりとりの趣旨は次男に片づけ˙さ˙せ˙る˙こ˙と˙ (**訓練**) よりも、片づけとは何かを教˙え˙る˙こ˙と˙ (**教授**)へとシフトしていることがわかります。次男から答えが返ってこないため母親はその後、よりハードルの低い「順番の細断」という方法に切り替えて質問を継続し、その問答が終着までたどり着いたところで (結局答えられずじまいでしたが) おもちゃを渡しています。

③ 「大人／親」の立場を活かす①

例 2.2 より

　例 2.1 とちがい、この例で片づけをしていないのは長男のほうです。この場面では次男が率先してきょうだいの片づけ場所を割り振っていますが、それがいまいち気に入らないようなのです。その証拠に片づけ場所を指示する次男の手を、長男は振り払ってしまいます。

　その後、きょうだいたちのはたらきかけも意に介さずリビングのすみに座って遊んでいた長男は、その姿勢のまま足を左右に動かし「ゴミをはたいている」ので「片づけている」のだと言い張ります。

　らちがあかないと考えたきょうだいたちの救援依頼を受けた母親は、ものごとの「正しさ」の判断において「子ども」よりも圧倒的に優位な「大人」の立場にたつことで、上記の "ヘリクツ"

をまったく意に介すことなく長男が「片づけていないこと」を非難します。

④ 「大人／親」の立場を活かす②

例2.2 より

40	長男：だってさ：↑ケンタがさ：↑ケンタのもの, (.) ばっかりだからさ：(.)
41	なに - どれすてていいかとか ぜんぜんわかんないんだ↓もん
42	母親：じゃあきい↑て ママに.
43	(1.4)
44	長男：↑↑ケンタのでしょ
45	母親：ママがいうから.
46	＞ママがわかるものは＜ママがいうから.
47	ママがわ↑かんない↑のは↓ケンタにきくから.

　この母親のふるまいから"ヘリクツ"では抵抗できないとみた長男は、自分が片づけていないことを認めつつも、片づけない「理由」を提示するというやりかたに戦略を切りかえ、抵抗を継続していきます。その理由とはシンプルに「嫌」というものであり、なぜ嫌なのかといえば散らかっているのが「次男のモノばかりで片づけに必要な判断ができないから」というものでした。

　これを受けて母親は、今度はその権利・義務として子の事情をかなりの程度把握している「親」の立場にたち、自分が「代理人」として次男のモノの処遇を判断すると名乗り出ます。長男は「次男のでしょ？（だから判断できないでしょ）」とつっこみますが、母親はその場合には「仲介人」になって次男に判断をあおぐと述べることで、長男の抵抗を完全に無効化してしまいます。

◆この章からの「気づき」

・望ましい行動への方向づけ効果をもつ「時空間の性質についての確認質問」や、回答ハードルの低い「順番の細断」など、（片づけの）しつけに用いることのできる様々な質問テクニックがある。

・「大人」や「親」という立場（成員カテゴリー）に結びついた権利・義務には、子どもを片づけに向かわせるための戦略に活用できるものがたくさんある。

第3章
家族への配慮と家事労働

感情管理と道徳を教えること

キーワード：家事労働と感情管理の同時進行　身体的距離と感情　家族メンバーへの配慮

 家族への配慮を教えること

【事例】

　この例では、父親が息子に家族の他のメンバーにどうふるまうべきなのかを教える場面を扱います。家族は、他の成員を気遣ったり配慮したりするものだと一般的には考えられているようです。実際の家族間でのやり取りでは、そのことはどのように現れているのでしょうか。

例 3.1 より
父親
「自分とおなじようにママがやっただけだもんね」
「人にそうゆう思いさせてるってことだからね」
次男
「うわーん」

【ポイント】

　ここでは、次男が泣き叫んでいます。母親と一緒にお風呂に入っていたのですが、ちょっとしたことで次男は機嫌を損ね、泣いてしまっています。しばしば、未就学児のような小さな子どもは、ほんのちょっとしたことで泣いてしまうのかもしれません。父親がここで行っているのは、泣きわめく次男に道徳的な「お説教」をし、その後、泣きたいだけ泣くに任せる、ということです。ひとしきり大事なことを言われてしまった後、次男はうずくまって泣き始めますが、このとき、父親は背中を向けたりほったらかしにしてどこかへいったりするわけではなく、じっと体を向けています。それはまるで、次男が気持ちを落ち着けるのを待っているかのようです。落ち着いた後、長男が窓の外の夕焼けがきれいであることを発見し、みんなでそれを見るのですが、そのときにはすっかり次男の機嫌は良くなっております。こうした、一時的なお説教を通じて、感情管理の仕方を子どもは学んでいくのかもしれません。

子どもの感情に配慮しながら家事をすること

【事例】

　この例では、母親が娘の宿題を手伝っていて、突然宿題をやりたくなくなり次女が泣き叫ぶ場面を扱います。このとき、一時的に母親は怒った様子を見せ、次女をしかりながら家事をします。しかりながらちょっとずつ次女をみやり、次女の機嫌を見計らいながら家事を進めます。

例 3.2 より
母親
「はい じゃ もう ママ 後で見る」
次女
「やーだー」

例 3.4 より
母親
「ほら時間はどんどんすぎていくよ」

【ポイント】

　ここでは、母親は宿題をやらない娘を非難したり、家族それぞれに責務があることを述べたりしています。その一方で、テキパキと家事をこなし、実際に自分は責務を果たしていることを実演します。横に座って叱りつけるよりも、身体的に距離を取り、あえて全面的に叱らないことが、むしろ効果的に働くのかもしれません。実際に、次第に次女は機嫌を直し、しっかりと座り、宿題に取り組み始めます。

　重要なのは、母親は家事をこなしながら、次女に時折視線を向け、状況を観察していることです。この部屋の構造は対面キッチンであり、作業をしながら母親は次女を視野に入れることができることも貢献していると思われます。家事をこなし、自分は宿題を手伝う余裕のなさを実演しながら、次女が気を持ち直すタイミングを見計らったところに、母親の巧みさが見出せると思われます。

◆この章からの「気づき」
・子どもの感情に配慮したり、管理するためには、教戒するなど様々なテクニックがある。
・それ以外にも、受け手として利用可能であること（話しかけてよいこと）を示すことや、身体的距離を取るなど、子どもが気持ちを落ち着けてからやりとりを再開するための細やかな技法がある。

第4章
家庭内における遊びと感情の表出

遊びの展開と対立のマネジメント

> キーワード：遊び　感情　対立

① 遊びの開始と環境の準備

　この例では、遊びの開始に必要な条件とその理解の示され方について考えます。ごっこ遊びをする時にはしばしば役割を演じるために道具が使われますが、動かせる道具だけでなく、囲いや台といった大きな装置が用いられることもあります。そのような準備が整うことは遊びの前段階であり、用意する子どもだけでなく、他の家族にとっても見てわかるものとして利用されます。

　用意が整う前に邪魔をするのは抵抗を受ける反面、用意が整ったのに遊びを始めないのもまた、問題のあるふるまいとなります。ごっこ遊びに参加する家族が、体の向きや位置を変えることでごっこ遊びの枠組みに入っていくことを観察します。

例4.3 より

パパもうお店
開いたよ

② 創造し共有される遊びと対立の回避

　遊びは常にルールや型が決まっているわけではありません。子どもたちはとてもクリエイティブに、その場にあるものを利用し、自分の体をダイナミックに使って遊びを創っていきます。きょうだいの間で新しい遊びはすぐに共有されますが、よく観察してみると、楽しいということが言葉でも表現されています。感情を大きな声で言うことは、遊びへの誘いとなり、他のきょうだいたちも同じ遊びを始めます。子どもたちの遊びではこのような新しい遊びの伝播も珍しくありません。

例 4.4 より

　遊びの中では対立が生まれることも少なくありません。多くの場合は何らかの形で注意がそれて深刻なケンカにまでは発展しませんが、時には親が介入して解決する事態になることもあります。この節の後半では、否定的な感情が表明される様を段階を追って見ていきます。

例 4.8 より

③ 利用される遊びのルール

　大きくなった子どもは複雑なルールのある遊びもできるようになります。それにともない、ルールの理解に関わる対立や、ルールにしたがってゲームに参加することを利用して対立からの回復をする様子も見られます。

◆この章からの「気づき」
・遊びの開始は可視化され、楽しい感情は言語化されて共有される。
・ネガティブな感情の表出にも段階があり、相手の反応に応じて変化する。
・遊びの中の対立は様々な形で無効化される。

第5章
家庭におけるテレビ視聴

開始／終了と「家族の団らん」の発生

> キーワード：日常　ながら視聴　家族視聴

① 「日常に埋め込まれたもの」としてのテレビ視聴

　この章では、家庭におけるテレビ視聴について考えます。テレビの視聴は、様々な調査から「個人視聴」に移行したと言われていますが、「家族視聴」がなくなったわけではありません。「専念視聴」から「ながら視聴」への移行も指摘されていますが、「ながら視聴」の実態は十分に明らかにされていません。ここでは、子どものいる家庭における「家族視聴」「ながら視聴」がどのように開始し終了するのか、その中で何が行われているのか、考えてみます。

② コミュニケーションを起点とするテレビ視聴の段階的な開始

【事例】
　今回取り上げた事例では、最初にテレビ番組の内容に関心を示した長男が、母親に話しかけたことにより母親がテレビ視聴に参加します。

　例 5.4 より

見て、
すごいよー

母親がテレビ前
に移動

【ポイント】
　現代社会におけるテレビ視聴は、「ながら視聴」という言葉が示すように、独立した活動（専念視聴）としてあるよりも、テレビがついているというメディア環境を前提にして、日常生活の中で「発生する」ものであるといえます。

③ 「家族の団らん」の媒介としてのテレビ視聴

【事例】
　続く場面では、さらに母親が父親に質問をしたことにより、それまで工作に従事していた父親

例 5.5 より

工作に従事していた父親・長女・次男もテレビに注目

どここれ？
聞いてた？

と長女もテレビ視聴に志向することを開始します（次男はすでにテレビを視聴しています）。その結果、家族全員がテレビ場面に志向するという状況になります。

【ポイント】

テレビは「家族のコミュニケーションを阻害するもの」として、批判されることがあります。しかし、一方でテレビは家族のコミュニケーションを阻害するのではなく、テレビをきっかけにして「家族の団らん」といえる状況が（一時的なものであっても）実現することもある、ということがわかります。

④ 緩やかで段階的なテレビ視聴の終了

【事例】

最後に家族視聴が終了していく過程を見てみます。まず母親が立ち上がり洗濯作業に戻ります。次に父親と長女は視線をテレビから外し工作活動に戻ります。次男も長椅子を通って工作活動に戻ります。最後に、長男が立ち上がり父親に対して工作物の進捗状況を尋ね、テレビ視聴に志向していないことを示します。ここでは、家族によるテレビ視聴は、開始時と同じように、段階的かつ「いつの間にか」終了しています。

例 5.7 より

母親は洗濯に戻る

父親・長女は工作に戻る

次男は移動する

パパ出来た？

長男は父親に声掛けする

【ポイント】

テレビ視聴の開始と同じように、テレビ視聴の終了もまた段階的で明確な区切りがなく終了することがあります。

◆この章からの「気づき」

・テレビ視聴は、日常生活の中に埋め込まれた区切りのない活動である。

・テレビ視聴は、家族のコミュニケーションを阻害するだけでなく、促進することもありえる。

・テレビ視聴について家族でルールやテレビとの付き合い方を考えるときは、上記の点も前提にして考える必要がある。

第6章
「画面」がある家庭の光景
家族関係への「割り込み」から「一緒」の楽しみとして

キーワード：テクノフェレンス　割り込み　家族関係との結びつき

① 家庭におけるICT：「割り込み」としての意味

例6.1 より

お父さんがパソコンで入力作業中、次男が次々と質問

ん……

これは？

これ！

　この例ではまず、家族関係とICT機器の間で生じる「割り込み」について考えていきます。家族で会話しているときに、横でスマホのゲームなどをされていると、それも何か家族に対して「割り込み」をされていると感じることがあるでしょう。これは専門的に「テクノフェレンス」（テクノロジーによる妨害）と呼ばれ、近年の育児における問題としても指摘されています。

　しかし、このような「割り込み」はただICT機器があることによってもたらされているわけではなく、会話を組織化することの「しくみ」から生じているところがあります。この節ではその「しくみ」についても考えていきます。

② ゲームをめぐるやりとりに見る「割り込み」の調整

例6.2 より

ちょっと、
こっちの大きい画面でやって！
携帯でやんないで

例7.4 より

終わり？

まだこの辺が
…（指さす）

今度は本物のトランプでやろう
こればかりやらないで

ママもね

【事例】

　この例では、実際に会話をしている家族の横で長女がゲームをしている場面を取り上げます。しかし、ここではそれぞれの家族にとって「割り込み」をトラブルとして感じさせるようなところは見られていません。

【ポイント】

　そのポイントは、母親がまず、スマホから**大きな画面に切り替えて操作**させていること、そして、子どもに対して距離を取りやすい場所に座ったこと、そして「割り込み」になりそうな場面について、子どもとのやりとりをうまく「切り替え」をしている、といったことにありました。さらに母親は、長女にただゲームをひとりでさせるだけでなく、そのゲームに関連して家族みんなで遊ぶきっかけを作り出すという、**家族との結びつき**を示すなど、積極的な関わり方を見せていました。

③ 家族関係との結びつき

【事例】

　この例では、父親が読書をしているところで、長男がネット上の地図画面を一緒に見ようとする場面を取り上げます。父親は本の方に目を落としていて、長男の方に向くこともなく、長男からの問いかけにも「すごいね」などと、簡単な反応を繰り返すだけで、長男が画面で見せていることへの関心が、あまり盛り上がっていない感じです。

【ポイント】

　そのポイントは、父親がその時に取っていた少し変わった**体勢**と、長男に対する**応答**の仕方にありました。この盛り上がらなさそうな状態に対して、今度は長男が家族で行った思い出にふれることで、記憶をつうじた**家族関係との結びつけ**をします。この節では、その様子を画面の指さしなどについて分析することにより、子どもからの働きかけの持つ意味について考えます。

例6.5・例6.6 より

④ 「一緒に見ること」の組織化

例 6.7 より

【事例】

　この例では、長男が工作を行うために、ネット上の検索情報を使っているところに、母親がその検索結果が示された画面を「一緒に見ること」を特徴的な形で行いながら、子どもに対して検索の使い方をうまく促している様子を見ていきます。

【ポイント】

　そのポイントは、長男が検索した情報を、ときには長男の体を使うなどして、母親がより**「詳しいもの」にしていく働きかけの仕方**にありました。また、母親としても、工作の題材について、ある程度自分でも詳しい知識を持っていることにより、長男が行っていることの価値づけをうまく行うことができていました。

◆この章からの「気づき」

・家庭にゲーム機器などを持ち込むのは、「割り込み」などのトラブルの元になると言われているが、その原因はその機器があることだけに求められるものではない。

・同じ家族の中で、ゲームをしている人との関係、会話をしている人どうしの関係といったものを切り替えるという発想が必要。

・ゲームなど、画面上で行われていることについて、家族の関係との「結びつき」を見出すような可能性を考えてみよう。

プロローグ

富田晃夫（ミサワホーム総合研究所）

観察する世界へ

　2013 年の冬、企画住宅の商品発売とテレワーク推進賞受賞に合わせてシンポジウムが行われた。シンポジウムは「テレワークと住まいの環境」と題して、テレワークでいち早く社会の課題解決に役立てようと唱えていた田澤由利さん、外資系ネットワーク企業の役員である岩崎深雪さん、事務機器メーカーで働き方の研究をされている鈴木賢一さん、そして私も企画者として住宅メーカーの立場からパネルディスカッションに参加した。

　当時、人口減少社会、高齢化社会の到来に対して様々な施策は効果があまりなく、日本社会は人口減少していき、働き手がいびつな形で足りなくなるのを待つばかりの状態を迎えていた。日本の女性就労人口は先進国では珍しく M 字曲線を描き（出産、育児時期に退職して減ってしまい、その後再就職する現象のこと）、思ったように女性が働き続けることができていないことが指摘され続けていた。今後は女性だけでなく男性も高齢者の介護が重くのしかかり、多くの人が働き続けることが困難になるのではないかと危惧されていた。

　このシンポジウムのきっかけになった住宅の新商品は、日本が持つ社会構造の危うさを住まい側から支えることを目的として、住まいを働くことができる環境にして、それを住みこなす生活提案を提示するとともに、今後社会で働き、活躍すべき人々のために、住宅会社として新たな住まいの標準型を提示することを通じて、多くの人々に現在の社会課題と住まいの環境整備の効果に気づいてもらいたい、といった想いから企画開発されたものだ。住まいは長期間使うものである。ライフステージに合わせて移り住むという考え方もあるが、日本では住まいを自由に取っ替え引っ替えできるような環境ではないので、多くの人は持家に長く住むことになる。そのため、日本の住まいは、直近の課題やニーズだけでなく、長い人生、ライフステージの変化にも対応しなければならないものになる。こうした背景から、働きやすい住まいという考え方を、既に様々な立場で未来の働く環境を実践している方々や企業にご意見いただき、くらしの先を見通しにくい生活者に対して、今後の住まいのイメージ、家の中で働けるライフスタイルを想像しやすくしてもらおうと思って企画したことであった。

　そうした思惑が伝わったのか、このシンポジウムは盛況のうちに終わり、終わった後も様々な方にこれらの取組を褒めていただいた。その中にいらっしゃったのが是永先生であった。これが是永先生との初めての出会いだった。

　是永先生が渡してくれた研究報告書は、ビデオを使った観察による仕事（配管工事）の現場の分析だった。分析は、細かいやりとりが中心だったので何のためにやっているのかわからず不思議な事をやっているなぁと感じたものの、私が着目している暮らしのテーマとはつながらなかった。私は暮らしのことしか頭の中になかったので、なるほどこんなことをやっている方もいらっしゃるんだな、と思うにとどまった。そのため、その時はあまり自分との関係性がつながらずシ

ンポジウムが終わった後はすっかり忘れてしまっていた。

　その頃、私の中では、住まいの中での学びや対話の場所を成長期ごとに環境として整備する「ホームコモンズ設計」という新たな設計手法を企画・開発し発表していたものの、その考え方で作られた空間で実際どのような学びや対話が行われることになるのかを具体的に明らかにできておらず、また、それを証明するための方法はないだろうかと日々考えていた。成長期ごとに適する環境は違うと提案しているものの、その環境の違いは人の関係性や学び成長することにどのような影響を及ぼすのか、そもそも対話の環境を用意すること自体に意味があるのか、実感や手応えがなかったのだ。それは当たり前で、今までの日本の住宅で、そのような成長に合わせた対話のための空間というのは見たことがない。旧来の日本の住宅は座敷のように何でも使えるフレキシブルな空間だったが、現在の住宅というのは、キッチンは食事を作る場所、ダイニングは食事をする場所、リビングは家族がくつろぐ場所、主寝室は夫婦が寝る場所、子ども部屋は子どもが寝起きする場所というように「誰が何をする部屋」という単純な生活行為を想定した設計でしかなかったからである。それ故に、「ホームコモンズ設計」で想定された空間は導入前と導入後で部屋の使われ方を検証する方法はないだろうかと、考えていた。

　そんな中、知人が「富田さんのやろうとしていることを実践している人がいる」と教えてくれた。それは「初めて言えた時 The birth of a word」というタイトルでマサチューセッツ工科大学のデブ・ロイ（Deb Roy）が2011年に TED カンファレンスでプレゼンをしたものだった。私はこのビデオに夢中になった。デブ・ロイは息子との生活をすべてビデオに収め（すべての部屋に魚眼レンズを設置し、5年もの間ビデオを撮り続けた）て分析していて、プレゼンでは、息子が「water」という言葉を話せるようになるまでの1年間を数十秒に短縮して聞かせてくれた。そして、「water」や「bye」を住まいのどこで発言しているのか、膨大なビデオデータから住まいのプラン（図面）の中にマッピングして再現し、どこで言葉が使われ始めるのか、言葉の習得と、家族の会話について住まいの可能性、コミュニケーションの可能性をビジュアルで見せてくれたのである。デブ・ロイは、こうすれば子どもの言語発達に寄与すると結論を言っている訳ではないが、私には日々営まれるくらしの価値が住まいや家族に大きく影響があることを十分に感じさ

デブ・ロイによる、water が家の中で発言された場所をマッピングしたもの
（Huffpost "The birth of a word", https://www.huffpost.com/entry/the-birth-of-a-word_b_2639625）より

せるものであった。

この発表を見て今までにないワクワクした感情に囚われた。そうだ、住宅メーカーこそこれを
やらなければならない、我々は暮らしをじっくりと観察するべきなのだ！と強く共感したものの、
はたしてどうすれば良いのかわからず、すぐに壁にぶちあたった。それらの被験者が簡単に見つ
かるわけもないこともわかっていた。様々な住宅メーカーが調査研究しているものの、踏み込ん
だ生活者の継続的な調査は少ない。プライバシーの問題があるからだ。また、実施できたとして
もサンプルが限られる。そうなると、何か企画・開発シーズの発見があったとしても、会社を動
かす企画開発のエビデンスとしては信ぴょう性がなく、事業部門には無駄だと言われてしまう。

ただ、私の中では確信をもっていた。人生 100 年時代に入りライフスタイルおよびライフコー
スは多様化している。そして、それを受け止める住まいは、一時期の生活者のニーズを提供する
ハコをつくれば良い時代ではない。一時期のニーズを捉えて顕在化するとしても、すぐに次のス
テージでニーズは変わる。その変化により、なぜそれを専門である住宅メーカーは教えてくれな
かったのか、なぜそのようなアドバイスがなかったのかと問われてしまっては、住まいの専門家
として信頼できる住宅会社とはなりえない。目の前の欲しい物を用意しただけで、その住宅会社
へのリスペクトや信頼は高まることはない。生活者に新たな価値を提供するわけではなく、どこ
にでもある住まいをつくってくれる会社にしかならないのだ。今まで通りの住まいをつくってく
れる大工や工務店が決して悪いわけではないが、我々のような住宅メーカーは、研究や開発投資
をしているので、同じ様なスタンスでいたら社会に必要とされなくなってしまう。それゆえ、生
活者に気づきを与える新たなストーリーを発掘、提示すべきだと確信していた。そのためには、
少ないサンプルでもライフステージの変化を見据えながら、一定期間追い続けた結果としてどう
変化するかを示せば、生活者に気づきを与えるものだと感じていた。

そこで気がついた。そうだ、生活の一時点を切り出すのでなく文脈として生活者を観察し続け
る、それが新たな価値を見つけ出すと確信した。そう考えてみると、自らが企画し、様々なメン
バー、大学の研究室と作り上げた「ホームコモンズ設計（成長に合わせた家庭内の学びの環境設
計手法）」の仮説を自ら試そうという腹がくくれた。

家庭内での学び・成長は「対話」を大事にすること

ホームコモンズ設計では、家庭での成長は学びや気づきであり、家庭内の学びは様々な人やモ
ノ、コトと対話するということが前提として考えられている（ミサワホーム総合研究所エムレポ
Vol.88）。特に、子どもの時期は対話の種類や距離が大きく変化するため、それぞれの種類・距離
に対応できるように成長段階に合わせて学びの場、いわゆる対話の場を用意してはどうかという
提案がなされている。対話の種類や距離の変化に合わせて 4 つの段階に分け、その段階の対話が
しやすいように、それぞれの環境の要件をガイドラインとして整理し、それに合わせてプランニ
ングできるようにしている。

住まいは家族の成長を支えるものであり、子どもにとっては様々なものを学んでいかなければ
社会に出て一人前の役割を担うことができない。ただ家の中での学びというと、勉強ができる子

表1 ホームコモンズ設計の4つのステップ
子どもの成長段階に合わせた最適な場所を用意することで子どもの能力を十二分に引き出す

成長段階	家族の課題	対話の距離	子どもに必要なこと	養う必要がある能力	学びの場所と空間要素
信頼関係 親子の信頼関係を確立する時期 **1st step** **Seed** **0～1歳**	・生活リズムの変更 ・ワークスタイルの変更 ・家事／育児時間の増加 ・親自身の時間の縮小	直観的（近い）←→間接的（遠い） **ふれあう** ほめる／しかる 見て、見られて安心感を与える	信頼関係	**経験から五感を育む** ・視覚力（反応力） ・基礎身体能力 ・信頼する力	**プレイサイト** ・手が届きやすい距離感 ・家族が集まりやすい ・どこからでも見やすい場所
自立心、積極性、羞恥感克服 人格の基盤が形成される時期 **2nd step** **Sprout** **2～6歳**	・通園による生活習慣の形成 ・第一反抗期への対処 ・子どもを媒介とするコミュニティへの参画 ・夫婦の養育観の相違等による衝突	チャレンジ **会話を楽しむ** 見守る	自立心 積極性 羞恥心克服	**体験から想像力と語る力を伸ばす** ・好奇心 ・想像力 ・会話意欲 ・生活習慣の習得	**トークサイト** ・十分な広さ ・会話の題材が生まれやすい場 ・視線が届きやすい ・気配を感じやすい
勤勉感獲得、劣等感克服 好きなことを見つけ喜びを感じ始める時期 **3rd step** **Leaf** **7～12歳**	・通学による生活の変化 ・レジャー等体験学習の増加 ・子どもの権利の調整 ・夫婦の教育観の相違等による衝突 ・子どもの学校から社会への広がり	一緒に学ぶ **きちんと会話** 見守る姿勢を見せる	勤勉感獲得 劣等感克服	**興味から意欲を引き出す** ・知的好奇心 ・論理的思考力 ・語彙力	**ホームワークコーナー** ・共同作業できる空間、家具 ・いつでも会話できる距離感 ・気が散らない視界
他者からの刺激、子どもへの信頼 自分の興味関心を形にしていく時期 **4th step** **Flower** **13～21歳**	・生活時間のすれ違い ・経済的負担の増加 ・第二反抗期の対処	一緒に行う 経験に基づいたアドバイス 子どものシグナルを見逃さない **信頼を示す**	他者からの刺激 子どもへの信頼	**対話から思考力をつける** ・抽象的思考力 ・社会性 ・集中力 ・向上心	**ホームコモンズ** ・共同作業できる空間、家具 ・本や物を飾れる家具、設備 ・無理がなく一緒に入れる空間

ホームコモンズ設計（© ミサワホーム総合研究所）

にすれば良い、つまり勉強する環境をつくるというイメージを持つ方が多い。有名大学に入れるとか、記憶力が良くなるとか、有名大学に入った子どもの育った家では、リビングやダイニングで勉強していた、という本が一時期話題になったが、有名大学に入るのは手段であって学びの本質ではない。また、義務教育や受験勉強に関しては専門家がいるし、そのための学校や塾が知識を習得するためにあるため、家ならではの学びにはならない。受験をクリアするための知識習得とテクニックだけが恒久的な学びではないはずだ。今や人生100年時代で、学生時代に学んだものだけで生き抜いていくのは難しい。生涯学び続ける、成長し続ける必要がある。つまり、学ぶ

動機づけ、興味を与えてあげることだと気がついた。興味さえ持ち続ければ学ぶ意欲を持ち続けられる。極端な話、21年しか学ばない人と、60年学び続ける人とでは全く違う人生になるだろう。ただ、学びたいという興味を持ち続けるためにはどうすればよいか。その問いに対して出した答えが「対話」だった。

人類は約400万年前にアフリカ東部にあらわれた祖先が全世界に広がってこれだけ繁栄したと言われている説がある。なぜそこから抜け出せたのかは諸説あるが、知を共有できたためと言われている。それまで人生の経験は自分の経験でしか知識を得られなかったことが、対話によって危険なことを理解し、生きながらえることができたためだと言われている。

そう考えると対話は人類にとても大事な行為であると考えるようになった。「対話」をしやすくする環境を整え、対話による興味、対話による気づき、学びを得るようにすること、これこそが、家の中での、家ならではの学びという視点に行きついたのだった。

ただ、人々の成長時期に必要なことは先行研究で明らかにされているが、一人一人がどのような過程を積み上げて成長していくのかは定かではない。はたして、このホームコモンズ設計の考え方を踏襲すると、それぞれの年代によって対話のしかたが変わってくるのか、また対話をしやすくする場づくりをすることによって、対話は生まれやすくなるのだろうか。

私の子どもは当時6歳の双子と3歳の次男だった。彼らに色んな世界、価値観を見せたいと考えて、機会があれば家に会社の同僚や後輩など呼んだりして人を招き接触する機会を増やそうと考えていた。ただ、当時自宅として建築した住まいは子育ての細やかなところまでを想定できずに、多くの人が集まれるようなDK（ダイニング・キッチン）の比較的大きな空間があるだけで、どこで何をするべきか特徴づけができていなかった。子どもたちには創造性をスポイルしたくないために、ごっこ遊びなど、面白いアイデアの遊びは積極的にやらせていたので、玩具の散らかりようはカオスを極めていた。

そこで、自宅に成長2段階目の幼児期に合わせた対話と学びの場所（トークサイトと呼ぶ）と3段階目の小学校期に合わせた対話と学びの場所を設定し、ホームコモンズ設計にならってリノベーションを行った。その結果、部屋の使い方、行動がどう変わったか分析するため、デブ・ロイのようにDKの天井に魚眼レンズを設置し、リノベーションする前と後で一定期間動画を収録した。

ここでふと思ったのが、はたして動線が思ったようになっていても、実際そこで何が行われているのか、本当にそれは意味があるのか、それはどんな意味があるのか、それがわからなければ、ただのここに人が集まるというだけの話になってしまう。もう一歩踏み込まないと、実際の生活者には気づきを与えられないし、役には立たない、その場所に集まる、接触する、つまりそこでの対話はどんな内容なのか、そして、それにはどんな意味があるのか、どんな可能性があるのかを知らなければ、本当の生活者に対しての提案につながらない。それを実現できないか。そこで、ふと思い出したのがビデオを使った観察方法を行っていた是永先生だった。

そうだ、是永先生と話してみよう。こうして、生活者行動観察研究プロジェクトが始まったのだった。

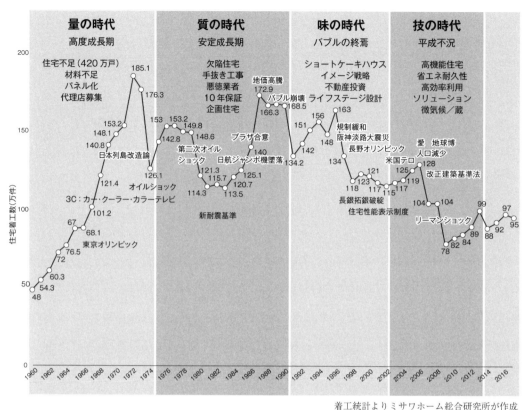

図1 住宅着工数と時代トレンド

着工統計よりミサワホーム総合研究所が作成

世界では珍しい住宅産業

ところで、なぜこのように生活者に気づきを与えたいと思うようになったのか。それは、住宅メーカーとして社会に何ができるか、住宅メーカーがただの家族を入れる箱、いわゆるハード（ハードウェア）をつくるだけの会社であったら、社会に必要とされていかないだろう。住宅メーカーだからこその貢献は何なのかという答えを何とか導き出したいという想いからだった。

日本のような住宅メーカーが数多く存在する国は世界では珍しい。しかも工業化住宅メーカーが何社もあるような国は、世界各国探しても日本以外には存在していない。日本の住宅メーカーは戦後の住宅不足から社会課題を解決するため、安く品質の高い住宅を提供するために生まれた。居住する権利は基本的人権に含まれるもので、人間にとって最低限保証されるべきとされている。その住まいをどのように提供するか、その考え方や制度は世界各国で異なるが、日本は敗戦国であったため、戦後の住宅不足（420万戸不足していると言われていた）に対し、国が必要なだけの住宅を用意できなかった。そのため、国は国民が自ら住宅を建てることを推奨し、戦後の復興の難局を乗り切るように舵をきった。そこで、多くの人が持家を目指し、住宅に投資することになったのだ。そんな背景から多くの住宅メーカーが誕生した。

住宅業界は住宅メーカーが勃興し始めた戦後からトレンドを見ると理解がしやすい。戦後の住まいの大きなトレンドは様々な見方があるが、私達は五つに分けて捉えている。

　一つ目のトレンドは、量の時代である。日本は戦争で大きなダメージを受けた。日本の都市は戦争の爆撃で壊滅的であり、また、戦地に出払っていた戦士などが大量に引き上げてきたため人で溢れかえった。田舎には仕事がないために、都市部に人口が集中した。そのためその受け皿となる都市の住宅は大量に不足した。当時は住宅不足の解消が喫緊の課題であり、早く安く大量の住宅供給が求められた。そこで数多くの住宅会社が生まれることになったのだ。次に質の時代になっていく。1975年頃からであるが、大量に供給することが求められた時代から、モノの品質が求められるようになる。安かろう悪かろうは淘汰されていき、保証やアフターサービスも品質を表す代表的な要素になっていく。そして、品質がある程度のレベルに達してくると意匠性が重要になって味（テイスト）の時代に続く。外観イメージやインテリアイメージが非常に重要になってきて、意匠・デザインやテイスト（味）で選ばれるようになり、見栄え偏重のデザインも増加した。そして見栄えから実質的な問題解決の良し悪しが重要となってくる技の時代（2002年頃～）に突入する。ソリューションという言葉も大いに使われ、生活者にアンケート調査をした結果を全面に出し、生活者のための問題解決という視点が強く見られるようになった。そして、2012年ころからは、活の時代。住宅は既に供給過多であり、ストックをどう活かしていくか、不動産をどう流通させていくかという時代に入っている。

　このように、住宅トレンドも社会背景を反映し、住まいに求められるものも大きく変わってきた。
　その過程で施主一人一人の夢の実現のために自由に思い描いたくらしをプランニングできるように自由度も高まっていく。今ではインダストリー4.0（IT技術を利用したオーダーメイド工場）がもてはやされているが、日本の住宅メーカーは既に早くから邸別受注生産（注文者ごとに工場で受注後生産すること）をしており、大量生産の工業化からは早いうちに決別していた。ただ、今ほどデジタル化技術が発達していなかったため、工業化（効率化・コストダウン）の割に価格が高くなっていった。つまり、世界の工業化の未来、その一部は日本の住宅メーカーで既に実現されているものだと言っていい。
　しかし、これらはすべて家族を入れる箱、ハードの話が中心である。住まいは生活様式を支えるもので、生活様式は文化である。特に日本はヨーロッパなど貴族の文化とも違い、江戸の浮世絵など庶民の文化が国の文化として世界的に評価されているようなお国柄である。国民が主となり文化を技術とともに高めていき**日本の良さが世界の人々や文化に貢献する可能性が住宅メーカーにはある**と考えている。そして日本では人口減少のため住宅需要は減少するが、世界は今後まだまだ人口増が見込まれている。このような日本の産業文化を活かすことが日本だけでなく世界に良い結果をもたらせるのではないかと思うにいたっている。実際の生活者にとって、**住まいで豊かにくらすためにはどんな「気づき」を与えて、何を提供しなければいけないのか、住宅メーカーとして社会や住まい手に必要な「信頼」を得るためには、そこが必要**だと感じている。

序章
家庭における活動への視点

住まいから見る現代家庭の状況と行動場面を観察する意義について

富田晃夫・是永　論

 ## 住まいの現場から

（1）住まいの環境整備は課題が多い

　住宅メーカーが技術革新を行ってきた日本の住まいだが、果たして住まいは生活するのに満足できるような豊かな環境を提供できるようになったのだろうか。そして、家族の持っている生活の課題は解決できているのだろうか。

　確かに、住宅の性能レベルはかなり向上しているし、耐久性でも今や大手住宅メーカーでは躯体の30年保証は当たり前で、100年住宅といっても過言ではないレベルに品質は向上している。日本の住宅が築20年で建て替えられると揶揄された時代からすると、とても考えられないほどに品質は向上した。そして、デザインも洗練され、生産の無駄もなくなり、生活者の我儘なオーダーにも正確に対応できるようになってきた。技術の革新により、住まいという**ハードはとても良くなった**といえる。

　しかし違う側面、例えば住まいの中の事故について見てみると、どんどん減っているのかと思いきやそうではない。車の事故で人が亡くなる件数が年々減ってきているのと比べて、**住まいの中で人が亡くなる事故は決して減っていない**のだ。もちろんこれは、住まいというハード側だけの問題ではない。生活者自身の問題もあるし、高齢化してきた社会背景もある。**また、家庭内の生活に起因するストレスはちっとも減っていない**と言えるのではないだろうか。

　一つには、住まいや生活に関する**教育がなされていないことが大きい**と考えられる。前述した車と比較をすると、自動車は運転するのに一定レベルの知識や技能を満たして初めて乗ることができる。一方で住まいは誰でもそこで生活することができる。つまり、住まいや生活の知識や技術がない人でも生活することができるのだ。これは当たり前ではあるものの、この差は如何ともし難いくらいに大きな差がある。例えば仕事場で、高度に知識や技術のある人と全く知識も技術もない人が同じ役割で仕事をするとしたら、上手くいくはずがないことがわかるだろう。そのようなある意味危なっかしい状態で日常行為が行われているのが日々の住まいだと思って良い。それを解消するには、それぞれの知識や経験、技術を向上するような教育が必要だが、日本の教育に、住まいに必要な教育や生活に必要な知識・スキルなどを教えるようなカリキュラムが欠けていることが問題でもある。

　そして、住まいを提供する側にも問題がある。**住まいを供給する側が過剰にサービスを提供し**

てしまっているところがあるのだ。なぜそのようになるのかと言うと、住宅メーカーは、多くの競合メーカーの中で自分を選んでもらうために、生活者というお客様に対して、知識や常識、使いこなすスキル、手入れするスキルなどを学ぶことを強要せずに、考えなくても良い、勉強しなくても良い状態にしてしまっているところがあった。耐震性、断熱性、安全性、耐久性、資金繰り等々、住まいをつくることに対して、あまり知識がなくとも選んでいただけたら大丈夫ですよ、手入れしなくても大丈夫ですよ、というビジネスモデルを展開してしまっている。生活者が面倒なことをせずに、知識をつけなくてもかゆいところに手が届いて住宅を確保できるようにアピールしてきた。住まいの機能やメンテナンスに対して生活者が上手に住みこなすことより、サービスや交換、保証などで、対応できることを推奨してきた。

最近では、生活者が自由に自分らしい空間づくりをしたいという欲求からDIYなどが広まりつつあるが、住宅業界は、ある意味これら**生活者の楽しみを奪ってきたとともに、不勉強さを推奨してきた**とも言えるのではないだろうか。

(2) 住まいの生活課題・ストレスは「対話」に解決のヒントが

日本の住宅は前述の通り、持家を中心に整備されてきた。持家は「住宅双六」で象徴されるような子育てファミリー向けの庭付き一戸建てがゴールとして想定されてきた。そのため、子育てに必要な広さ、間取りを延々と作り続けてきた。ただ、子育て環境においても、世代間の常識差など様々な時代変化に対応できているかというと疑問が残る。

特に子育て家族を中心に家庭内で行われる家事については、ワンオペや名もなき家事などのキーワードが世の中に広まり、**長い間指摘されながらも一向に解決している気配がない**。それらの要因は何なのだろうか。

生活の中での家事に関連するストレスは2つあると考えられる。生活を共にしている**家族間の相互理解が不足していることに起因している**ものと、**個人や社会の時代(および時間)変化についていけずその乖離に起因する**ものである。

家事のストレスは長い間、問題視されてきた。書店に行くと様々な家事メソッドを伝える本が並んでいる。新しい家事の考え方を示すカリスマが現れては消えていくような流行り廃りの感もある。ただ、今までたくさんの方々が提案してきた家事の悩みを解決する考え方や手法、スタイルは万人に受け入れられるようなことにはなっていない。また、住宅というハードで解決するのではなく、家事行為を労働として受け止め、その労働の軽減を現代のテクノロジーで解決するような家電的な解決手段もたくさん生まれてきた。調理家電もそうだし、自動掃除ロボットなども数多く商品化されている。しかし、多くの家族の家事ストレスはなくならない。それはなぜか、何が問題なのだろうか。

家事ストレスは多くの要素が複雑に絡み合っている。前述したように家族間における相互の理解不足によって生まれるものは、主に心理面の問題である。一方で、個人・社会の時代変化についていけず、その乖離によって時間面、品質向上面の問題も生まれる。後者の個人・社会の時代変化による時間面・品質向上面の問題は、先に挙げた調理家電や自動掃除ロボットなどに代表さ

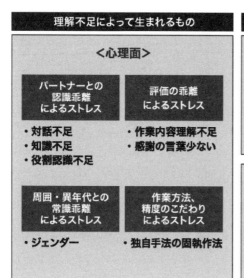
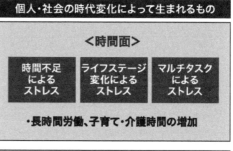
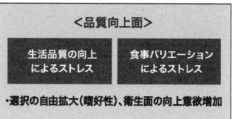

（ミサワホーム総合研究所「M repo」84 より）

図 0.1　家事に関するストレス要素整理図

れるテクノロジーの進化で解決できる可能性がある。いわば単純作業を効率化、省力化するようなものだ。これに対して、家庭の生活は家族の間で共同して行われるものであり、その共同する個人同士が理解し合えないと不幸が生まれる。それが前者である相互理解不足の心理的側面のストレスである。人間は社会的な生き物である。その一番小さな社会が家庭と言えるだろう。現代では核家族での居住形態が多くを占め、家族の伝統やルールは引き継がれず、居住する家族ごとに新たな伝統やルール、文化を創造し、運営していかなければならない。しかし、おそらくそんな事を意識して生活している家族は多くはないだろう。会社や組織にたとえると、すでに様々なルールや運営方法、価値観やモラルがすでに常識として整っている組織の運営を受け継ぐ場合に比べて、新たに起業し、多くの社員に対して同じ方向をもって仕事してもらうための様々なルールを定め、価値観やモラルを認知させながら会社を一つにしていくのが如何に大変か、想像してみてほしい。如何に多くのことに気を配って導いていかなければならないかがわかるだろう。

　そこで、ストレスの解消、もう一歩踏み込むと、家族の楽しい人生を実現させるためには、相互理解ができるような環境や機会、そしてスキル、配慮などを身に着けていかなければならないことに気づくだろう。そう、社会的生き物である人間に必要な**対話・コミュニケーションが大切だ**ということである。

　相互理解に関するストレスには、主に**対話が不可欠**である。図 0.1 について見ていくと、パートナー（主に夫婦間）との認識乖離によるストレスや周囲・異年代との常識乖離によるストレスに関しては、そもそも生まれ育った環境が違うので、価値観や常識が違う者同士が共同生活をしているという前提上、生活のいたるところで優先順位の違いや価値観の違いにぶつかることが当たり前である。熟年夫婦が「あうん」の呼吸で生活していると言われる場合は、様々な違いの存在を生活の中での対話によってそれぞれが理解し認め合い、新たな家族の文化を作り上げた結果と

も言える。

　次に評価の乖離によるストレスに関しては、ジェンダーによる問題も絡むのだが、男女間の役割認識、価値観の違いにより、やって当たり前という常識が違うために、相手の仕事、特に家事に関する過小評価が生じてしまっていることが問題となっている。相手がどのような労力をどのレベルで実施したのか把握するとともに、それぞれがどの程度行うことについて納得できるのかを、パートナーや家族間の基準としてすり合わせておくことが肝要である。そうした相互理解がないと、例えば掃除の頻度や仕上がり品質の基準が違うことに気づかずに、自分の思ったレベルで実施されていないことで衝突する、といったことになる。違う基準（ゴール）を持った人間が衝突するのは当たり前で、これも対話によって相手の生活価値観を見極め、自分たちのパートナー同士、家族間では何を良しとするかを認識として合わせていく必要がある。

　心理面の４つ目は家事作業に対する理解不足である。生活というものは一度慣れてしまうとなかなか変えられない。特に家事の担い手がやり方、スタイル、仕上がり等の理想や心地よさを他人に譲れないために、家事の負担を家族間でシェアできないことがストレスになる。任せられないのは、下手な仕上がり具合になってしまうことが許せないから、という訳である。そのために家事を一人で抱えて負荷がかかりすぎるようになってくるとストレスが爆発する。この場合についても、主な担い手によって、日頃どのようなレベルで家事がなされているのかを対話によって共有し、他の人がそのレベルに合わせて家事の技術を習得するのか、あるいは他のことで協力して負担を軽減させるのかといった対応方法を、それぞれのパートナーや家族で理解し合うことが重要である。

(3)「対話」の機会をつくれる空間

　このように、生活のストレスをなくし楽しい家庭環境をつくるには、しっかりと理解するための対話の機会をどうつくっていくのか、どのように対話していくのか、その場はどうつくると良いのかについて考える必要がある。

　対話は会話によるものだけではない。会話ではない対話も重要だ。前述のホームコモンズ設計の４つのステップでも表現しているが、対話には３つの種類がある。１つ目は体による対話。いわゆるスキンシップである。小さい頃にはスキンシップによって対話をもつことが多い。次に会話による対話。言葉によるコミュニケーションである。これが一番対話として認識されている。そして最後にモノによる対話。これは無言であっても状況や雰囲気で伝わるものや、実際にモノを通して伝わるものであり、例えばお父さんの本棚に新しい本が追加されていれば、なんとなくお父さんの興味の変化が伝わってくる。意外と背表紙も語ってくれるものなのだ。このように対話は単なる言葉だけによるコミュニケーションではないため、その対話がどのように行われてどのように作用しているか、これはなかなか表現できない。**人間同士の関係性だけでなく、そこにある道具、位置関係、空間、姿勢、表情、目配せ等々、様々な要素が対話の要素なのだ。**それらが関係しあって、家庭という小さな社会が形成されていく。

　以上に関連して筆者の記憶に残る観察シーンがある。これは観察でなければ到底気がつかない

ような内容である。そのシーンは、ホームワークコーナーと呼んでいるリビング・ダイニング・キッチン（LDK）空間の端にある場所でのことだった。LDKにはスケルトン階段があり、その下にホームワークコーナーが設置してある。ホームワークコーナーには長女の友達が来ていて、長女と友達とは、何か絵を書いたりしながら遊んでいた。同じLDKの空間にいた長男は直接の友達ではないので、そこに入って来ることはなかったが、そのうち、階段の方に移動していった。そして、長男はそのスケルトン階段にぶら下がって体を伸ばし、長女と友達の仲間に入りたいという雰囲気を出しながらも、いかにも関係ないよという様子だった。こうして彼は、彼女達にはっきりとした警戒や拒絶をされることなく、近くにいることができた。

　そして次の瞬間、長男は上から覗き込みながら、すっと会話に入ってきたのだ。

　「上手い具合に仲間に入った！」と筆者は思った。こんなにスムーズに仲間に入れるんだと感心した。しかし、スケルトン階段がなかったらどうだろう。ホームワークコーナーがそこになかったら遠巻きに見ていて入るタイミングはなかったのではないだろうか。そういう意味でこのシーンは**空間という場が機会を作り出す瞬間**だった。**人は役割があると居心地がいい。それはそこにいる・存在する理由を自分で説明しなくても明確になっているからだ。**役割を与える、理由を与えるなど、居心地の良い居場所をつくれれば、様々な対話が生まれるだろうと確信した瞬間だった。家の環境づくりはたしかに対話の機会を与えてあげられている。そう実感したのだった。

（4）研究プロジェクト：「気づき」は学び・成長

　ここで観察がどのようなプロジェクトとして行われているのかについて触れておこう。この研究プロジェクトでは、前述の通り**生活の中でどのような対話が行われているか、その対話はどのような効果を生み出すのかが起点**になっている。そのため、主に生活の中で対話が行われるリビング、ダイニング、キッチンを中心として対話が行われるタイミングで動画を撮影し、その対話を分析し、解釈をしていく流れで行われている。プライバシーの問題、そして長期にわたるデータ提供の協力という高いハードルのため、筆者（富田）の家族を含め協力していただけた家族はごくわ

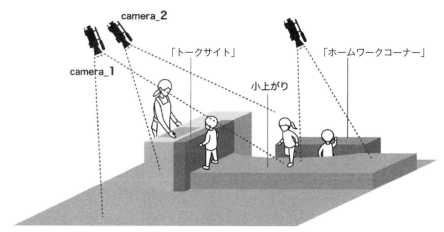

図0.2　生活者行動観察研究会での撮影環境（例）

ずかではあるが、ほとんど公にされていない家族の日常生活の一部を明らかにしたことや、家族の成長過程を、対話の文脈を通じた変化として分析したことから、貴重なデータが得られたと考えている。

　協力していただいたのは複数家族であるが、一番多くの記録データを残した筆者（富田）宅での撮影環境を説明しておく。同一空間でのLDKであったのをキッチン前に小上がりをつくり、小上がりとの境にダイニングテーブルを設置した。TVの前にはソファセットは置いていない。ソファはくつろぐためだけのもので、限られたスペースには優先順位として低いと考え、ダイニングテーブル中心の家族の場をつくりたかったからだ。また、キッチン前に小上がりをつくったのは、そこを静かな行為をする空間（静の空間）として想定したのと、通常のフローリングの床は動きのある行為をする空間（動の空間）として場所の意味を意識しやすくし、日常行われる遊びや行為をアフォーダンス（第1章61頁参照）の効果によって使い分けられるようにしたかったからだ。行為が変わってくれば、散らかり具合が遊びの種類ごとにまとまることにより、片づけがしやすくなるだろうと考えた。静の空間では静かな遊び、例えば、カードゲームや積み木、動の空間では、動きの大きい運動系の遊び、その道具たちがそこに固まることを想定して、収納場所もその付近に設定し、片づけやすくするという考えのもと設計した。

　生活者行動観察プロジェクトは研究者とミサワホーム総合研究所のメンバーにより、撮影内容からピックアップした現象で何が起こっているのか、そして、それが生活者に何の気づきを与えるかについて、意見交換する形で進められた。社会学や教育学、社会言語学、認知科学等々、様々な研究者の見方と、企業側の視点それぞれから、生活者として何の価値につながるか仮説を立て、それを互いに共有していった。それは研究者の視点の特徴と企業の視点の特徴を互いに「気づき」「発見する」ことによる、お互いにとってのメリットが見出される刺激的な作業だった。これまでは、研究者側の専門分野で当たり前とされていることは、企業側を含む生活者にはほとんど知らされていないことが多く、また、研究者側は専門領域が生活者にとって何の価値を持つのかを実感することが難しかった。研究会での意見交換は、研究者が企業と互いに気づき学び合うことで、自分の研究領域が社会に役に立つ可能性を感じることができる、まさにお互いを活かし合う産学連携の場となったと筆者らは自負している。

　日常の何気ないやりとり。それが実は意味があるものとして連綿とつながっていく。日常生活は貴重なのだ。エスノメソドロジーの世界は、その可能性を気づかせてくれる。**日常が意味あるものと感じさせてくれるのだ。**本書の分析からその一端をぜひ感じてほしい。

② 行動を観察するということ

（1）ワークの研究と「組織化」という視点
　本書では、以上に見たようなストレスを含む家庭の現状について、家庭内での活動を分析するために、後述するエスノメソドロジーという学問分野の「ワークの研究」という視点を取り入れる。「ワークの研究」とは、**社会における、ある領域の中で特有に見られる活動（ワーク）が、どの**

ように一定のものとしてなされるのか、について明らかにするものである。その意味で「家事」も
また、「家庭」という領域について特有に見られる活動であるが、そこで「家事」として一定にな
されるために求められていることがある。例えば、食事の用意という家事では、一日のうち一定
の時間の中でなされることが求められるし、食事の内容なども一定の品質が追求される。これら
はこれまで見てきたような「ストレス」のような問題として意識されることもあるが、特に「家
事」の場合は、日々の中で当たり前のようになされるため、あらためてその活動がどのようにな
されるのか、ということに意識がのぼらない（気がつかれない）こともあるだろう。

　ワークの研究とはまさに、この当たり前であるがために気がつかれないことに焦点を向ける。こ
のとき、さらにワークの研究が注目するのは、ワークの「組織化」という点である。活動にたず
さわる者（従事者）にとっては、その手順が秩序をもって組み立てられている必要がある。家事
の場合、この秩序は特に時間との関係で意識される。しかし、こうした秩序は、ただ従事者があ
らかじめ決められたように行動するだけで成り立つものではなく、相手による個々の活動を理解
しながらそれぞれに対応し、その条件にしたがって活動を組織化する必要がある。

　この点で、組織化とは、単に手順を組み立てること以上に、活動が協働で行われることと深い
関係をもつ。食事の用意について考えると、活動の組織化はただ調理に従事する者（作る人）に
よってなされているように思われるが、実際は、「食べる人」が食卓につくといった別の活動がう
まく対応しないと、家事として一定になされている（達成されている）とは見なされない。さら
に、「作る人」と「食べる人」として、それぞれの役割があらかじめ特定の人によって分けられて
いるかのようにとらえられてしまうと、まず「作る人」は同時に「食べる人」でもあることに始
まり、活動の達成にとって実際に必要なことが見過ごされてしまう。それは「作る人」にとって
ストレスとなるだけではなく、活動の組織化に対しても偏った見方をもたらすだろう。

　こうした組織化という視点は、もともと「言葉を交わすこと」、つまり会話を一つのワークとし
てとらえて分析すること（会話分析）に始まっている。例 0.1 のような、（今回のデータとは別の）
ある家庭での親子の会話について見よう。

例 0.1（E：エリ（2 歳 6 ケ月児）、F：父親）

1　　《母親に悪態をついたエリを父親が抱えあげる》
2　　F：そんなこと言ってるとお父さん怒りますよ。
3　　　（.）
4　　E：おかえり！
5　　　（.）
6　　F：ただいま！
7　　E：おかえり！
8　　F：ただいま。
9　　E：おかえり！
10　　F：ただいま。

11　E：おかえり！

12　F：もう　エリ，ちゃんとごはん（.）　座って食べて。

（注）　左端数字は行番号，（.）内は0.2秒以上の無音状態を示す。

この例では、4行目から突然に子どもにより始まる「おかえり」が注目される。このとき、父親は5行目の沈黙で少し戸惑いを見せた感じながらも、この「おかえり」に5行目で「ただいま」と答える。これがまさに、挨拶という活動の組織化なのであって、「おかえり」の場合、それに相手が「ただいま」という言葉を交わすことなしには、挨拶は達成されない。この例で父親が戸惑いながらも「ただいま」と答えるのは、ここでの活動を挨拶とする以上はそうせざるを得ないという、組織化する上での必要による。2行目で父親が怒ろうとしていることから、この子どもはそれを避けるためにわざと、このような必要の中で、「おかえり」と言ったようにもとらえられる。

このように、単に挨拶がそこで行われていることを「あたりまえ」のこととして済ますのではなく、挨拶の組織化のために適切な言葉が協働して使われていることに目を向けるのが、まさに会話をワークとしてとらえる視点となる。

(2)「気づき」を得ること

では、このワークとしてとらえる視点は、実際に家庭において生活を営んでいる人に何をもたらすのだろうか？　その一つが、本書で紹介するようなビデオ撮影されたデータを通じて、**家庭の中であるワークが組織化される様子を、研究による分析を交えながら一緒に経験することによって、「気づき」を得ること**である。

例0.1についていえば、ここでなされている会話は、ただ子どもが父親と言葉遊びをしているようにも見なされるが、この例が「挨拶」という活動の組織化を通じた、「父親から怒られないようにする」というワークの達成としてとらえられると、そもそも「会話」がワークであるという理解にはじまり、言葉に関する一般的な能力が発達していないとされる段階の子どもであっても、そのような理解について会話の組織化を行う社会的な能力をもっていることに気づかされるだろう。

さらに、ワークの組織化は、言葉以外にも様々な手段によって行われており、その手段には、ただ「物を置く」ことや、「置かれる物」自体も含まれている。本プロジェクトで集められた研究データである例0.2から確かめてみよう。

例0.2では長男が箱を床の上に立てて置き、それを目標に次男がブロックを入れるという、それぞれの活動によってワークが組織化されている。ここでは特に言葉が交わされる様子はなく、長男が箱を立てる動作に続いて次男が箱の方に身体の向きを変えるだけで、片づけの作業が始められている。このように、**物をある形で配置することや、物の配置にしたがって姿勢を一定の形にととのえること**が、それぞれの活動としてワークを組織化する要素になっている。このとき、それぞれの活動は、ちょうど挨拶で使われるそれぞれの言葉のように、お互いに組み合わされた形で意味をもち、「おかえり」に対して「ただいま」の組み合わせが最も優先されるように、一方が他方

例0.2（長男6歳・次男3歳）

1. 長男（図0.3左）が横になっていた箱を立ててブロックを入れ始めると、それまでブロックで遊んでいた次男（同右）が関心を示した。

2. 次男は体の向きを変えて、長男と一緒にブロックを箱の中に集め始めた。

3. 次男がふたを持ち、長男が箱をそれにあてがうことで一緒の片づけが完了する。

図0.3

によって条件づけられる関係をもつ。そのため、それぞれの活動を切り離して回数などを**数値化しても、活動がワークについてもつ意味は表れてこない。**逆に、組織化に見られる活動どうしの関わり方は、特に個別のケースに限定されるのではなく、ケースを越えた形で共通した意味をもつ。例0.2で長男が箱を立てるという物の配置によって次男の片づけを誘導するという関係は、例0.2で行われている片づけについてだけ見られるものではなく、物の整理や受け渡しなどの様々な活動についても同じように見られる。

このことを同じ研究データにある例0.3で確かめてみよう。

例0.3は、キッチンで父親と息子が一緒にケーキを作っているところである。父親は画面外の左側に置いたレシピを見て、それを読み上げながら、シンクの右横に置いてあるケーキの生地のボウルに、手に持っているボウルに入っている「粉を入れてかきまぜる」作業を指示する。しかし、息子の方は、父親がその前の作業のときに置いたままにしていた泡立て器（ハンドミキサー）を指さしながら、「またこれで（混ぜる）」という手順の理解をする。しかし、生地をかきまぜる道具（ゴムベラ）は別にあり、息子はその手順を誤解してしまっていた。

この例に見られる、ハンドミキサーと生地のボウルそれぞれを（息子の）目の前に配置し、その上で作業を進めることは、例0.2で箱を立てて作業を進めていたのと同じく、それらの物を使った作業を誘導するという関係をもつ。そのために例0.3のこの場面で息子は「これ（ハンドミキサー）」で生地を「かきまぜる」という理解を導いたと考えられる。

例0.3

つまり、これらの例の分析により共通して見出された、物の配置によって作業を誘導するようなワークの組織化とは、活動にたずさわる人々がお互いの活動を意味づけ、理解するための方法となっている。そのために、**他の人が組織化をする様子を一緒に経験することによっても、私たちは、他人によって行われている活動の組織化の様子が、自分が行っているワークについても意味をもつのではないか**、という「気づき」を得ることができる。

（3）リビングルームに見られるワーク

　以上に見た視点から、本書における研究では、主にリビングルーム（リビング）で行われるワークの組織化を分析することを通じて、家庭の中で見られる活動が、ワークとしてどのような意味をもつのかについて考えていく。

　リビングで行われる活動の特徴としては、まず、家族のうち複数の構成員が協働で行うものが多いことがある。これには、いわゆる「家族の団らん」としての、食事やおしゃべり、あるいはゲームなどの遊びといったものが当てはまる。特にきょうだいの子どもがいる家庭では、リビングがそのまま協働での遊びの空間になることも多い。

　その一方で、リビングはトイレや浴室、あるいは書斎や勉強部屋などとは異なり、そこで行われる活動の内容があらかじめ決められている範囲が小さいという、いわば柔軟な空間としての特徴がある。つまり、その時々にリビングにいるものによって行われる活動はそれぞれで異なっており、子どもだけがいる場合は遊びだったものが、両親だけになった場合は二人でカタログを読んだり、書類に記入することなどに変わり、さらに全員が揃うときは食事やおやつの時間になるなど、それぞれの場合で使われる道具や、その空間なども多様な形を取る。そのため、ある時点でのある構成員の活動に使われた物の配置や空間の状態が、別の時点での別の構成員の活動に使われる物の配置や空間の状態と両立できないことも多くなる。これは例えば、子どもが遊びで散らかしたものによって、その後で親が読書する時に座る場所がなくなったりする例などでも身近に思い当たることだろう。本書の第3章で詳しく触れるように、片づけという活動は、こうした特徴からリビングの中で特有に行われるものであり、単なる「整理」とは異なったワークとなる。

　ただし、近年では子どもの勉強のほか、テレワークでの作業など、逆にリビングで行われる活動の範囲が固定したもので占められる割合も大きくなっている。以上に見たリビングの柔軟な空間としての特徴と、これらの固定した活動の特徴が、どのような関係をもつのかも、実際の問題としてとらえられることも多い。本書の第6章では、食卓でパソコンを使って仕事をする父親がいて、その横で子どもが遊んでいる場面で、父親の仕事への集中が妨げられるという問題を取り上げるが、ワークの組織化という視点から、それぞれの活動の関係をどのようにとらえるかが明らかになれば、リビングという空間の意味が、また新たなものとして見出されるであろう。

（4）本書で取り扱うデータ：リビングでのワーク
①空間の配置にともなうワークの組織化：ブロック椅子と小上がり

　本書で主に取り扱うデータは、一般家庭とは、少し違った特徴をもったリビングルームで撮影・収集されている。一つは「ブロック椅子」で、椅子という座るための家具であると同時に、ブロックのように組み合わせて空間を仕切ったり、あるいはその上に物を載せたり乗ったりすることなどによって、独自の空間をもたらす機能をもつ。いま一つは本書で小上がりと呼んでいる、他の床面より高くなっている床面（図0.2参照）であり、それはリビングの中で独立した空間であるとともに、食卓やキッチンなどの他の空間との隣接から、それぞれの空間に分かれている人の間でさらに独自の作業がなされる状態をもたらす。

　それぞれについての詳しい分析は第1章以降でなされるので、ここで簡単にブロック椅子の例を取り上げる。ブロック椅子は主に遊びの活動に関わる中で、例えばお店屋さんごっこで物を並べる台になったり、あるいは、遊びの中での「釣り堀の池」という空間を仕切る（図0.4参照）など、空間を配置する機能を担う。こうした空間の配置は遊びが進行する中で自然と形づくられることが多く、ワークの組織化という点では、ブロック椅子はそれ自体が、空間の配置について、遊びをワークとして組織化するための具体的な手段となる。

　図0.4の「お店屋さん」でいえば、画面中に立つ子どもは、この遊びでの「カウンター」（ブロックの列）により仕切られた右側の空間に位置することで「店員」としての役割をもち、左側に座る親は、実際はパソコンで別の作業をしているのにもかかわらず、「カウンター」の左側に位置することによって、そのまま「お客さん」に役割づけられることになる。このように、空間を配置することは、その中で人がどこに位置するかだけでも、遊びというワークの組織化について大きな意味をもつ。

図0.4（次男3歳）　遊びの中でのブロック椅子の配置（手前が「釣り堀」、奥が「お店屋さん」の陳列台）

②感情の組織化
　もう一つ、本書が家庭内で行われるワークとして分析の対象とするものには、先に見た道具や

それによる空間の配置など、直接目にすることのできるもののほかに、特に子どもが持つ感情の組織化がある。これは主に親が子どもの気持ちを気づかう形でなされるものであるが、すでに例0.1で見たように、子どもが自主的にほかの家族との関係について自分の感情を表出することや、相手の感情を調節（マネジメント）することなども含まれる。

しかしながら、感情という目に見えないものを対象にするといっても、本書が分析上の焦点とするのは、会話における言葉や身体動作を通じたやりとりである。従来の感情を対象とする研究が、その状態を数値化して間接的な形で測定してきたのに対して、本書のアプローチでは、感情というものが、具体的な言葉や動作の組織化についてはじめて目に見えるものとなる、という立場にもとづいている。

図0.5

例0.4（長男6歳・次男3歳）

1　　次男：いえーい《母に抱きつく》

2　　母　：いたっ

3　　　　　（　　）じゃないわ

4　　長男：何が？折れてない折れてない。

5　　　　　いい子だねー。《母の首に抱きつきキスをする》

6　　母　：（　　）これほんと痛い。すーごい痛かった今。

図0.6

例0.4では1行目で背後から急に次男が抱きついてきた（図0.5）ために、母親の後頭部の髪留めが強く頭に当たり、ひどく痛みを訴えた母親に、5行目で長男が首筋にハグをして慰めている（図0.6）。ここでは次男が特にわざとではなく、むしろ好意を持って母親に近づいたために招いたトラブルに対して、長男がその状態を次男に代わってフォローするために直接母親をケアする関係が見られる。

つまり、ここでは弟が発生させたトラブルへのフォローという形を通して、長男によって母親の痛みや感情をマネジメントすることが行われており、それがこのタイミングでのハグやキスという行為によって組織化されていると見ることができる。一方でその組織化には、母親が小上がりの上に座っていて、ちょうど長男が患部である頭の近くに抱きつける形になっているという母親の姿勢も関係している。

他人の痛みに対するケアの仕方は、もちろんこうした方法だけによって可能であるわけではないし、一般には言葉をかけるといった方法が取られることの方が、特に大人どうしでは多い。これに対して、痛みのケアを、痛みを持つ本人以外に、他の人がその場で注意を向ける対象とする（焦点化する）ワークであるとするならば、例0.4で長男が取った行動は、その焦点化をハグとキスという身体動作により行っているものととらえられる。そして、その行為が母親の患部に近くに向けられていることから、より早く直接に痛みにアプローチしているという意味で、子どもな

りの「合理性」をもった組織化の方法であるともいえる。このとき、先に示したように、母親が座った姿勢であるということがその合理性に関わっていた。このように、**組織化の方法は特に一般的に有効なやり方があるというよりは、その時々の状況について独自の合理性をもってなされるもの**であり、本書はその点で、一般的に「正しい」方法といったものを追求することよりも、**それぞれの状況にしたがって合理性をもってなされる組織化の様子を、過程として確かめることに意義を認めている。**

③メディア

　現代の家庭においては、従来からあるテレビやラジオに加えて、ハードディスクレコーダーやパソコン、スマートフォン（スマホ）といったデジタル機器の普及がめざましい。こうした状況でのメディアに関するワークについては、第6章で詳しく検討するが、ここではまず、家庭内にある、より素朴なメディアとして、（学級通信などの）プリントを取り上げてみる。

　このメディアに注目するのは、「プリントを見ること」自体が、家族の間でのワークとして組織化される対象となるからである。つまり、こうしたメディアは書籍のようにただ一人で読むものではなく、複数の家族で読まれることを目的としており、そのために利用される場面としても、複数の人々が協働で行うワークとして行われることも多いと考えられる。

例0.5（長男6歳）

1	《母親が食卓に座って幼稚園からのプリントを読んでいる》
2	母親：キックログハウスって？
3	長男：あっもしかして
4	母親：園庭の遊具？
5	長男：あれかも
6	母親：新しいの入った？
7	長男：入ってないけどさ《母親の横に移動》
8	母親：あの一番奥のやつ？
9	長男：すみれのところに
10	母親：うんうん
11	長男：木のハウスみたいな
12	母親：あっそこ、うんうん
13	長男：あのその、なんか段ボール、段ボールのところ
14	母親：それだ、じゃ
15	長男：ハウスって？《小上がりに上って覗き込む》
16	母親：ハウスって家ってこと？

図0.7

図0.8

17　長男：うん、家だよ。

18　母親：ログハウスってなんか、あの木で作った家のことだよね

19　長男：うん、木、木。

20　母親：あ：じゃ、それだ。《プリントを読み上げる》卒園記念品

21　　　　保護者の会より卒園記念品としてキックログハウス、

22　　　　カッコ園庭遊具を園に寄贈しました

23　長男：あーずるい　遊びたかった

24　母親：ケンタは遊べるよ

　例0.5では、母親がそれまで一人で読んでいた幼稚園からのプリントについて、卒園した長男にたずねる形で会話が始まっている。この問いがちょうど長男を誘う形となって、長男がプリントをのぞく姿勢（図0.8）を作って一緒に記事を読むワークが形作られる。このとき、母親にとっては幼稚園の卒園に関する記事について、当事者である長男から情報を得ることで内容への実感を深めることになる。一方で、長男にとっては、幼稚園の遊具について自分の思い当たる知識を母親との会話について確かめることが一つの誘因となって、一緒に記事を読むことに関心を向けている。さらに長男は、母親との会話から、園庭にある遊具が「ログハウス」と呼ばれていることと、その遊具が木でできているという自分の知識が結びつけられることで、自分と「ログハウス」の関わりを「遊びたかった」という遊具としての評価によって位置づけている。つまり、長男にとっては園庭にあったものが「新しい遊具」であったことがこの会話によって初めて確かめられたのであり、記事をきっかけにした母親との会話はその確認としてのワークの意味をもつ。

　もともと幼稚園からのプリントが、園児と保護者間の理解を深めるために作られていることをふまえると、プリントというメディアは、一人で読んで完結することも可能である一方で、家族が一緒に読むことによって、様々なワークを形作る可能性をもつものとして見直すことができるだろう。この意味で例0.5は、母親と長男が一緒に記事を読むワークとしてだけでなく、それぞれにとって、記事に書かれていたことを、14行目での母親の言葉のように、まさに「それだ」という形で実感するワークとしても見ることができる。

　こうしたワークは、母親が長男に話しかけ、また長男が記事に関心を向けて一緒に読むといった、家庭の中でのある場面に独自に見られる活動によって組織化されている。このことから、家庭の中でのメディアのあり方を考えるにあたっても、ただ漠然と「役に立つ」あるいは「妨げとなる」といった評価を下す前に、それぞれがどういったワークの組織化について、そのような評価をもつにいたるのかを考える必要が指摘できるであろう。

　この点に関して、第6章ではメディアを利用することが他の活動（会話など）によって妨げられたり、あるいは会話の方がメディアによって妨げられるといった状況について見ていくが、その場合も、スマートフォンが会話を妨げやすい、といった形ではなく、**他の人がいる中でスマートフォンを利用して行うワークが、そうした状況の中でどのように組織化されるのか、という視点から考える。このように考えたとき、メディアと家庭での会話がただの対立関係にあるのではなく、

例えばスマートフォンのゲーム内容が家族との会話によってある楽しみとして意味づけられたりするように、それぞれの位置づけが、その場面独自のワークの組織化について判断される可能性が示されるだろう。

(5) エスノメソドロジー：場面を観察することの意味

　本書は、以上の事例について確認してきたように、ワークが組織化される様子の観察から何らかの「気づき」を得ることを目的としているが、次章から個別のテーマについて事例を詳しく見ていく前に、ここであらためて、本書の使い方を含めて、場面を観察することの意味について補足しておきたい。

　本書におけるこうした場面の観察により「気づき」を得るという方法は、専門的には「エスノメソドロジー」と呼ばれている。エスノメソドロジーは学問分野的には社会学に属するものであるが、アンケートをして人々の社会的な行動について統計を集めたり、インタビューをしてそれぞれの人が個別に持つ意識を明らかにするといった、これまでの方法とは異なり、**一途に行動を記録して観察する方法であること**に特徴を持っている。しかし、この方法には統計などによって何らかの重要な「法則」を明らかにしたり、あるいは行動をする人々の「証言」によって特殊な現実に迫る、といったインパクトがなく、また少数事例の観察だけに、退屈で地味な作業に思われることがあるかもしれない。

　確かに地味であることは認められつつも、これには一つの理由がある。本書はエスノメソドロジーを専門的に学ぶ人だけではなく、実際に一般の家庭でこれまで見てきたような「ワーク」にたずさわる人にも参考になることを目的としているが、そうした人たちにとって、**観察は誰にも簡単にできる方法である**からだ。また、観察という方法を取ることは、自分の家庭での具体的な環境について、ある「気づき」を生み出す過程に直接関わることを意味する。これに対して、「法則」や「証言」といったものは、いくらそれぞれにインパクトがあったとしても、あくまで他の人が特殊なやり方で見つけた結果に過ぎないところがあり、その方法を家庭にいる人々ができるかどうかという問題とともに、その方法で得られた結果を見ても、その結果を_・ど_・の_・よ_・う_・に_・使うことができるのか、という問題を考えたとき、必ずしも有効であるとはいえない点がある。

　もう一つの理由としては、観察する方法を通じて、どうしてそうした「気づき」が生じるのか、という、「しくみ」にさかのぼって考える必要があるためだ。例 0.2 で見たブロックを箱に共同でしまう作業では、特に長男と次男で言葉が交わされる様子はなかったが、それでも私たちは、この二人が共同で一つのワークを組織化しているという「気づき」を得ている。この例でいえば、その「気づき」は結局、箱を_・ど_・の_・よ_・う_・に_・使っているのかを観察することにもとづくものであり、ど_・の_・よ_・う_・に_・使っているのかということは、統計や証言などによって簡単な「結果」として表すことができない、様々な「しくみ」が関係している。こうした「しくみ」についてさらに「気づき」を得るためには、逆に具体的な場面をじっくり観察してみないとわからないところがある。しかし一方で、面白いことに、こうした「しくみ」はひたすら複雑で見出せないところにあるものでもなく、私たちのごく身近な経験から、いわば「**あるある！**」といった形で見出せる可能性をもつ

ものである。例えば、私たちはゴミを捨てるときに、捨てる先の箱を一つの目標物として、バスケットボールでシュートをするように、ゴミをそこに投げてみたことがないだろうか。それと同じように、例0.2における観察から、そこでの箱はこうした「目標物」としての意味をその場面について二人により見出されていることがわかる。

　本書の観察は中でもこうした観察を専門的に行ってきた著者たちによってなされているが、その場合でも、観察から何が得られるのかという可能性をすべて示すことは難しい。この難しさに対しては、様々な例について観察を積み重ねることによって「気づき」が得られやすくなることもあるが、何より、ふだんから**観察する人々や環境についてよく知っていて、そこで経験を得ていることが有利に働く**ことはまちがいない。その意味で、本書が以降に展開する様々な事例の考察は、観察による結果を読者の皆さんにただ示すだけのものではなく、**皆さん自身が観察をすることのきっかけや手がかりになること**を、第一の目的としている。

第1部
家庭という空間

第1章
生活行動を通して発見する場所の意味
住み込まれた場所と新たに出会うこと

青山　慶

はじめに：生活者にとって意味のある場所の単位

　例えば子どもと一緒に食事をしているとき、子どもが飲んだ後に置いたコップが妙に危なっかしく感じて思わず数センチから十数センチ程度配置を調整することがある。これは、コップが置かれている場所が机の端に近くて落ちそうに見えたり、子どもの手の動線上にあって引っかけて倒しそうに見えたりするためだろう。もし食事中にコップが倒れて中の液体が零れれば、食事は中断されそれなりの大事となる。数センチから十数センチ違うだけの2つの位置は、子どもにとっては「コップが倒れず置ける場所」として区別されなくても、大人にとってはかなり異なる意味をもっている。私たちは、机の上という1つの場所の中にも、食事という生活行動にとっては重要な意味のある名もなき小さな場所を発見して行動している。

　同じく机に関連する簡単な実験を紹介したい。民家の民俗学的研究で知られ「考現学」の提唱者である今和次郎は、女子専門学校の学生100人を相手に、次のような実験を行った。「机（特別な条件なし）の上に、スタンド、花、インキ、ペン、本、用箋および辞書の七品（女学生たちに十分扱い方がマスターされていると推せられる物件）をのせておくときの机上の配置図をかくこと」（今 1987）。その集計の結果は次の図のようになった。

　今は、机面を左・中央・右、手前・奥に六分割して、それぞれの物が配置されたところを分類している。スタンドは左奥、インキは右奥というのはかなり共通している。花も奥側に置かれる

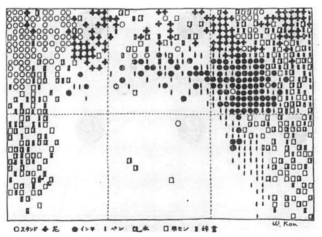

図 1.1　机上の配置図の集計結果（各記号例は左からスタンド、花、インキ、ペン、本、用箋、辞書を示す）

が、スタンドのある左奥は外されているので、配置の優先順位はスタンドに比べれば低いことがうかがえる。いずれにしてもこのあたりの物件の配置が相当に共通する理由は少し考えてみれば納得がいく。日本人に多い右利きの場合では、ペン先が右手の陰にならないよう、光源であるスタンドは利き手とは反対の左の奥側に置かれる。ペンは当然利き手である右側に置かれるが、インキの付着したペンが紙面の上空を無用に移動しないよう、インキもその付近に置かれる。机面での作業に直接用いられることのない花もまた奥側に置かれる。こうした環境で文字を書くことに慣れていれば、その配置を問われて迷うことはない。

さて、それらの物件のほとんどが机上の周辺部に配置されており、手前中央にはほとんど置かれていない。まるで見えない「ジグザグライン」によって机面が分割されているようであると今は指摘し、区切られた2つの机面をそれぞれ読み書きのための「活用机面」と「予備的机面」と呼んだ。しかし、今の実験で現れた物の配置は、どのような物品を机に置いても現れるわけでない。冒頭の例では食事をとるための机に、コップが倒れそうな場所と安全な場所を区切る見えないラインが発見されていた。つまり、生活者は「食事」や「読み書き」などの具体的な生活行動を通して、先だって線引きがなされているわけではない表面上に、行動にとって意味のある場所の区切りを発見する。そして、それに即して行動するのである。

さて、われわれの生活環境の多くには名前がついている。多くの住宅にはリビングルーム、浴室、トイレ、寝室、玄関などがある。本研究が観察するリビングルームの中にもダイニング、小上がり、ホームワークコーナー、キッチンなど、あらかじめ名づけられそうな複数の場所がある。しかし、前述の実験にあるように、そこに生活行動が持ち込まれることではじめて露わになるような、「行動にとって意味のある場所」がある。その多くは、目には見えず名前もついていない。それらの場所は、その場所に生活者がいて何かしらの活動を行わなければ現れ出てこないような場所である。本章では、生活行動を通してリビングルームに「場所」を発見することについて観察してみたい。そして、長期間にわたって家族が住みこむ「住まい」という場所についての気づきをもたらすことができればと考えている。

① 発見される「場所」の重層性

家族で住むリビングの特徴は、複数の生活者が、複数の活動をそこで行っているということである。そのため、それぞれがどのような活動に関わっているのかによって、発見される場所は異なることになる。それは、たとえ同じ道具を用いていたとしても、参与している（関わりをもつ）活動が異なれば、道具が配置されるべき場所も異なることになる。したがって、物の配置が家族の間で問題になるとき、物はただ出しっぱなしにされていたり、間違った位置に置かれていたり、いい加減に置かれていたりするだけではなく、そもそも「物の正しい位置が複数ある」ことが生じ得ることを意味している場合がある。

本節では、ブロック椅子の収納場面に焦点を当て、家族によって発見される場所の重層的な在り方を確認したい。まず例1.1ではブロック椅子を収納する際の制約について、実際の収納場面を

見ながら簡単に説明する。続いて例1.2から例1.5では、複数の生活行動が関連してブロック椅子の収納場所の中にある場所が重層的に発見されていることを見たい。

　本題に入る前に、ここでリビングルームとブロック椅子について簡単に説明しておきたい。本章が観察対象としているリビングルームの見取り図は図1.2の左図のようになっている。住宅は3階建てで、リビングルームは2階に位置している。中央下部のドアは階下に向かう階段につながっており、左上の階段が3階へと続いている。したがって、リビングルームを経由しなければ1階と3階を行き来することはできず、階段と階段を結ぶ移動の大きな経路となっている。小上がりとダイニングテーブルは比較的その経路に近い場所となっており、反対にキッチン、ホームワークコーナー（HWC）、TVの前などは経路からは離れた周辺的な場所となっている。模式的に動線を描くと図1.2の右図のようになるだろう。本節で扱うブロック椅子の収納場所は、リビング右上の壁面とそこに隣接しているダイニングテーブルのベンチ上である。

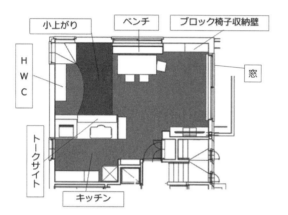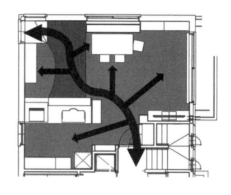

図1.2　右下の階段は1階へ、左上の階段は3階へと続いている。左図は本文中で触れられる場所の名称。右図には、2つの階段を結ぶ動線が部屋を貫き、そこからそれぞれの場所へと分岐する様子を模式的に示した。

　ブロック椅子は、大、中、小の3サイズある。それぞれ大サイズには白色と黒色（実際には少し灰色かかっている）の2種類、中サイズには白色（実際には灰色に近い）と黒色の2種類、小サイズには白色、灰色（実際には中サイズの白色と同じ）、黄色、黒色の4種類がある（第1章のポイント5頁写真を参照）。色の表記は、実際の色の違いよりも、同じサイズ内での濃淡で呼び分ける生活者による呼び方を優先し、ブロック椅子（サイズ／色）と表記する（大サイズ黒色のブロック椅子は「ブロック椅子（大／黒)」)。ただし、色や大きさが重要ではない文脈では部分的に省略する場合がある。

事例1：ブロック椅子収納の制約

　このブロック椅子の収納には制約がある。壁際の収納場所には、縦に大サイズ2個、中サイズ1個、小サイズ1個を1列として4列という構成でなければうまく収納されない。また、そのように収納された場合にも、小サイズが複数個余り、ダイニングテーブルのベンチの座布団として使用されるのが通常である。この制約のために、壁際に縦に積み上げられるそれぞれのサイズの

ブロック椅子の個数を間違えるとうまく収まらないことになる。

　例1.1は、うまく入らないという事態が生じた場面である。まだ収納することに慣れていないのか、母親の「大きいのからください」「大きいのとってください」「（小さいブロック椅子を）先に並べると置きにくくなるからなぁ」という発話からは、かなり収納の順序を気にしている様子がうかがえる。しかしこの場面では、子どもたちとの共同作業であること、いくつかのブロックがまだ遊びに使用されていたことなどから、母親の想定していた手順で収納することが妨げられた。例えば6行目では、中サイズのブロック椅子を横に4つ連続で並べるべきところを、1つ大サイズが選択されている。その結果として、ブロック椅子（大）が入らない状況となり立ち尽くしている場面である（図1.3右）。

例1.1（母親、長男と長女6歳、次男3歳、友達）

1　　母親：じゃぁ大きいのからください
2　　子どもたち：はーい
3　　母親：その大きいのとってください
4　　友達：はい《ブロック椅子（大）の受け渡し》
5　　母親：次に大きいやつ
6　　友達：《ブロック椅子（中）を3つ渡したあと、ブロック椅子（大）を渡す》（収納したブロックに段差ができる）（図1.3左）
7　　母親：あれ、あ、そっか、それシールやってるのね《母親がブロック椅子（大）の上でまだ長男と長女がシール遊びをしていることを確認》
8　　母親：じゃぁ、小さくてあれか、ああ、でも、先に並べると置きにくくなるからなぁ《中略》
9　　母親：あ、大きいのがまだ残ってるから。これで、ここに大きいの。
10　　長男：のっけられる？
11　　母親：あれ？あ、違うか
12　　長男：のっけられるよ
13　　次男：のっけられない
14　　母親：あれのれない、それ、そうだよねぇ。（図1.3右）

図1.3
左図はブロック椅子（中）が並ぶべきところを、ブロック椅子（大）を手渡されている場面。右図は収納できずに立ち尽くすところ。

このような事態を防ぐために、例1.1では母親はブロック椅子を収納する手順にこだわっていた。それぞれの列に収納されるべきサイズのブロック椅子の個数が必要十分になるように、順序良く収納していく。例えば、1段目と2段目には大サイズのブロック椅子、3段目には中サイズ、最上段の4段目には小サイズと並べていけば、収まらないという事態は発生しない。

このように順序良く壁に沿って収納すると、隣り合うブロック椅子は同じ大きさとなり、上から下に向かってサイズのグラデーションができ、整然としたブロックの配置となる。ある程度収納に慣れてくれば、同じ大きさのブロック椅子の中から特定の色を選択して収納していくことで模様を作るということも可能になる。実際、収納のための制約の中で、ブロック椅子の形と色の配置関係を調整することで出来上がる模様をディスプレイとして楽しんでいる様子はしばしば観察されている（図1.4）。

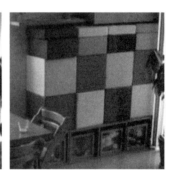

図1.4　配置だけではなく配色も揃えられたブロック椅子の収納

事例2：長男の指示による市松模様の収納

さて、以下の事例は、長男が中心となって指示を出し、長男、長女、次男の3人で市松模様にブロック椅子を収納する場面である（図1.5）。この事例でまず注目しておきたいのは、長男からの指示がすべて色に関するものという点である。収納の順序は、下から4個並べて一段ずつ完成させ、次の段に進むというものであった。先に述べたブロック収納の制約は、長男、長女、次男に十分に理解されており、この手順での収納では大きさに関する指示は不要となっていると考えられる。ブ

図1.5　例1.2～1.4で収納されたブロック椅子の最終的な配置

ロック椅子は「収納」という活動において十分慣れた物件となっているわけである。

　一方で、色に関しては、この収納の作業工程で何度か齟齬が生じたり、コンセンサスが図られたりする場面が見られる。例えば、6行目では長女は次男に対してブロック椅子（白）を要求しているが、続く7行目では長男がブロック椅子（黒）と訂正している。これは、長女は同じ色のブロック椅子を縦方向に積み上げることを想定していたが、長男は市松模様を想定していたことによると考えられる。また、14行目ではブロック椅子（中／黒）を差し出した次男に対して、長男はブロック椅子（中／白）を選択している。4行目と5行目は収納の作業工程が2段目へと移行したところであり、14行目は3段目に移行したところである。2段目であれば1段目と同じ色をそろえるのか互い違いにするのか、3段目であれば濃い色と薄い色の順序はどうするのかは、今回の収納で目指され想定される完成図次第である。一旦その段の並びの方向性が共有されれば、16行目から22行目のように再び作業工程はスムーズに進行する。

例1.2（長男と長女8歳、次男5歳）

1　　《長男が収納場所に立ち、長女と次男に指示を出しながら片づける》

2　　長男：ケンタもうちょっと遠くにいってミエに投げて

3　　次男：《長女にブロック椅子（大／白）を渡しながら》よいしょっと

4　　長男：《長女からブロック椅子（大／白）を受け取りながら》はい次黒ー

---------- ここから2段目 ----------

5　　次男：おいしょっと

6　　長女：《ブロック椅子（大／黒）を持ってきた次男に向かって》白白

7　　長男：黒だよ、黒だよ《長男の発言によって、長女はそのままブロック椅子（大／黒）を次男から受けとる》

8　　次男：《さらに次のブロック椅子を探しにいきながら》白ー？

9　　長女：白！

10　　《次男はブロック椅子（大／白）を長女に渡し、それを長女が長男に渡す》

11　　次男：次は白ー？黒？黒ね

12　　長女：ここに置いてね、じゃぁ

13　　次男：はい、黒、売り切れー

《中略》---------- ここから3段目 ----------

14　　次男：《ブロック椅子（中／黒）をもち》次は、これ、これ《長男にブロック椅子（中／黒）を差し出す》

15　　長男：これは違う、白色の薄いやつ、薄いやつだよ《自分でブロック椅子（中／白）を拾い収納する》

16　　長女：黒！次黒《次男のもつブロック椅子（中／白）を上から叩きながら》

17　　長男：黒返せ

18　　《次男はブロック椅子（中／黒）を長女に渡し、それを長女が長男に渡す》

19   長女：白
20   《次男がブロック椅子（中／白）を長女に渡し、それを長女が長男に渡す》
21   次男：《ブロック椅子（中／黒）を拾いながら》黒
22   長女：黒、《次男からブロック椅子（中／黒）を受け取りながら》黒

例 1.3：長男と長女の意見の対立

　ところが、例 1.2 に続く例 1.3 では、この片づけが終盤の 4 段目に差し掛かったところで、長男と長女の間に、ブロック椅子の色の選択に意見の対立が生じる。例 1.3 の 2 行目にある長男の黒ブロック椅子を収納するという意見に対して、3 行目のように長女が黒は収納壁に収納してはダメだと意見を述べる。ここまでの過程で、ブロック椅子の色に関して長女が長男に意見を述べたことはなかった。あたかも正しい配置は長男が知っていて、長女と次男は長男にお伺いを立てるか、間違いを修正してもらうようにして収納する色を選択していた。ところが、この場面で長女は、1 度ならず何度も意見を述べる。3 行目、5 行目、7 行目、9 行目は 4 段目の 1 個目、11 行目、13 行目は 4 段目の 2 個目、15 行目、17 行目、19 行目は 4 段目の 3 個目の収納に対してである。長女の白を収納するという意見は、2 個目の 1 度だけ採用されるが、最終的には長男に問い詰められたうえで、20 行目のように押しのけられる羽目になる。

　この場面で最終的にブロック椅子の配置によって出来上がる市松模様は、ブロック椅子の色と形の組み合わせで成立している。したがって、仮に長男が異なる模様を目指していれば、正解となるブロック椅子の選択が異なってくる。次にどのブロック椅子をどこに配置するべきかについては長男に聞くよりないように思われる。それではなぜこの場面で長女はここまで強くブロック椅子白について主張したのだろうか。その理由は、例 1.3 に続く例 1.4 の場面での母親の参入によって明らかになる。

例 1.3
1   次男：次は白？
2   長男：黒、黒
3   長女：黒はこっち、黒やっちゃだめなの、黒はあっち《ダイニングテーブルの方を指さしながら》（図 1.6 左）
4   長男：黒もあっち
5   長女：黒はあっち
6   長男：だから
7   長女：じゃ白白白《ブロック椅子（小／白）を指さしながら》白だよ白。
8   長男：白、白じゃない
9   長女：白だってやんなくちゃだめ、できない。これ、これだ《ブロック椅子（小／灰）を拾おうとする》
10   長男：これのほうが奥《ブロック椅子（小／黄）のブロックを運びながら》

11	長女：で、白一。
12	次男：しーろ
13	長女：しーろ！《ブロック椅子（小／白）を拾い長男に渡そうとする》
14	長男：違う違う白は、あっちだね、はい《いったん否定するが、長女の言う通り白を受け取り積む》
15	長女：しーろ《さらに別のブロック椅子（小／白）を手にもち長男に渡そうとする》
16	長男：なんで白
17	長女：白じゃないと
18	長男：なんで白なんだよ
19	長女：あっちは白じゃないとさ、白だ、白白《ダイニングテーブルの方を指さしながら》（図1.6 右）
20	長男：一個くらいはいいの！《長女を押しのけて別のブロック椅子を拾う》

（これ以降は、長女も協力し図1.5のような配置を完成させる）

図1.6　長女が指さしをしながら長男に対立意見を述べる

例1.4：母親の参入

　例1.4は、例1.3の直後で、余ったブロック椅子（小）5個をダイニングテーブルのベンチに並べる場面である。1行目にあるように、長男は引き続き長女と次男に配置の指示をだしている。おそらく「白」という単語を聞きつけたのであろう、母親がこの会話に参入する。3行目にあるように一旦長男の配置に意味があるのか尋ねる。長男は「ある」と応えるが、その返答を無視するかのように母親は自身の要求を述べる。母親の要求は、長女と同じくブロック椅子（白）を収納壁に収納することである。さらに7行目で、母親はその要求の理由を、「手垢による汚れ」の「目立ちやすさ」にあることを告げる。再度確認すると、収納壁に収まらないブロック椅子（小）は、ダイニングテーブルのベンチで座布団として使用される。この時の収納の進行状況では、ブロック椅子（小／黒）を収納壁に収めることは、すなわちブロック椅子（小／白）が座布団に回されることを意味するのである。以上より、例1.3の長女と例1.4の母親による要求は、ダイニングテーブル周辺に配置し座布団として使用する場合には汚れること、そしてその汚れは白色で目立つことから、白色のブロック椅子を収納壁に収納することを求めていたことが明らかとなる。

　それに対して、8行目にあるように、長男は「色どおりに」つまり色の関係性のみによって配

置していることを伝えている。ここにブロック椅子を収納する際に、長男と母親が参与している生活活動の異なりと、それぞれが発見している場所の中の場所の違いが見られる。前述のように、収容されたブロック椅子が作る模様は、ブロック椅子の形と色の関係性のみによって成立する。したがって、ブロック椅子が使用されているリビングルームで営まれる実際の生活とは関係がない。ブロック椅子の模様にとって、収納場所は目指される模様が違えば入れ替え可能となるような均一なものである。

　例えばブロック椅子の広告を作成するとしたら、見栄えの面から長男の目指すような配置の写真が用いられるかもしれない。しかし、生活の場に置かれたブロック椅子では、見栄えのみで配置が決まるわけではない。母親にとって、ブロック椅子が配置されている場所はまったく均一ではない。ダイニングテーブルの周辺は頻繁に人が滞在したり往来したりする場所であり、そのためにブロック椅子には身体との接触が高い頻度で生じる。一方の図 1.7 のように母親の指さす収納壁の窓側は、リビングルームのより周辺部であり、比較的人の往来もなく、ダイニングテーブルに比べれば長時間滞在することも稀な場所である。したがって、白のブロック椅子は、長男によって置かれようとしているダイニングテーブルのベンチではなく、5 行目で母親が指さす窓側であることが望ましいのである。この時、母親にとって、ブロック椅子の色の違いは汚れの目立ちやすさの違いであり、リビングルームは汚れやすさの勾配の場である。言い換えると、この生活者の行動に基づく汚れやすさの勾配が、それぞれのブロック椅子の収納場所が簡単には入れ替えできない場所となるような背景となっている。

例 1.4

1　　長男：白が一番こっち、白が一番こっち《ダイニングテーブルのベンチにブロック椅子小を配置する長女と次男に指示をだす》

2　　長女：白が一番こっちっていってるでしょ！（次男に向け）

3　　母親：それって意味があるの、何か

4　　長男：ある

5　　母親：《収納壁の窓側を指さしながら》あー、ねぇ、白はあっちにやって欲しいんだよなー。みんななんか（図 1.7）

図 1.7　部屋のより周辺である収納壁の窓側を指さす母親

6　長男：《母親の方に振り向いた後、収納場所を向きながら》やってんだよ！やってんだよ

7　母親：あっちにない？手垢がすごいから、そこに置くと

8　長男：だから、色どおりに、やってんの

例 1.5：活動と場所の関係

　前述したように、ブロック椅子収納という生活行動が現れる場所としてのこの収納壁は、生活者にとっては不変的に横方向には4列であり、縦方向には大、大、中、小の順序が変更可能な4段のマス目である。その4×4のマス目に配置されるブロック椅子には複数の色があり、ブロックの色の配置を調整することによって飾ることのできる場所でもある。

　その収納場所の中に母親は、「汚れやすい場所」と「汚れにくい場所」を仕切る見えないラインを知覚していた。これは、長男に比べれば家を清潔に保つような生活行動に従事することの多い母親が、活動の中で発見してきた場所であろう。この、リビングルーム内の家族の行動の傾向に由来する「汚れやすい場所」と「汚れにくい場所」の区別は、この時期の家族構成での生活が継続する限り、リビングに実際に長く持続して存在する性質である。そのため、他者にとっても共有可能な行動の方針となり得る。そのことを踏まえて、再度例1.3の長女の発言に注目したい。例1.3で何度も観察されたように、ブロック椅子（小）を積む最終局面では、長女は長男の意向を遮って奥に白を配置することを主張している。これは、家族の間に、あるいは少なくとも母親と長女との間ではブロック椅子（白）をダイニングテーブル近辺には置かないという方針が共有されていることを示唆している。一方の大きさと色というブロック間の関係のみによって決定されるディスプレイとしての模様は、毎回の収納で完成状態を想定している人物のうちにしかない。そのため共有するためには、その都度のコミュニケーションが不可欠となる。

　以下では、生活するものが発見する場所の中の場所の例を、同じブロックの収納からもう1つ示しておきたい。この事例では、収納壁の左側上段に他とは違う意味を発見していることが示されている。ブロック椅子（小）は座布団のように使用されるが、ブロック椅子（大）は、普段は収納されているが臨時に椅子として使用される予備的な家具でもあった。したがって、収納壁の左側上段は、予備的椅子として出し入れのしやすい、他とは異なる意味を持つ「いつもの取りやすいところ」なのである。最終的な収納の配置は図1.8であった。

図1.8　例1.5の最終的な収納の配置。この事例では、母親の「2個」という主張にもかかわらず、「いつもの取りやすいところ」である左側には1つのブロック椅子（大）のみが収納されることとなった。

例 1.5　予備的椅子としてのブロック椅子（長男、長女 7 歳）
母親：タツヤ、ね、大きいの 2 個くらいはそこに置いといて、いつもの取りやすいところに
（中略）
（1 段目を積んだ時点で子どもたちが遊び始める）
父親：はやく！片づける！ほら！
長男：（ブロック椅子（大）に両手をかけて持とうとする長女に向かって）ミエこれまだ《ブ
　　　ロック大を指さし》ミエそれまーだ
長女：なんで？
長男：タツヤが座るの
長女：知ってる。タツヤが座るのはこれ《ブロック椅子（大）を叩きながら》

　さて、ここではブロック椅子を収納するという事例から、一面の壁の中に小さな場所を発見している様子を複数示した。ここでは観察からの示唆や気づきについて述べておきたい。
　生活者はそれぞれの生活にとっての意味という水準から、場所の中に小さな場所を発見していく。ここでブロック椅子の事例から見た小さな場所は、そこで生活を送ることで気づかれ発見された場所の性質にもとづいたものである。そのため、参与する活動が異なれば、1 つの場所の中に異なる区切りで小さな場所を発見する可能性がある。特にリビングルームは、関心事の異なる複数の人物が生活している場所である。1 つの場所の中に、複数人によるいくつもの場所の発見が重層的に折り重なることになる。そのような場所では、物の配置に単一の解があるというのはむしろ稀だろう。
　このことは、物の配置に関して家族間の衝突を生じさせることがある。家族にとってこうした衝突が取り除かれるべきものかどうかはともかく、物の配置は単にどちらの配置の見栄えが良いかという問題ではない。その配置が選択される背景となっている要因を理解しなければ、歩み寄ることは困難であろう。ある配置が生まれてくる背景で、その配置が関わる生活行動が発見している場所の価値についての理解を共有することで、はじめて折衷案やどちらの価値を優先すべきかについての調整が可能になる。それを抜きに選択することは、対話よりは権力の問題となる。
　特に問題となるのは、生活行動にもとづき発見された場所の性質を利用することが形式化し、ある種のルールを生み出したとき、その由来を理解することが難しくなる点である。例えば、今回のブロック椅子の事例で、白色をダイニングテーブル付近に置かないことが家族内で厳格にルール化されたとき、もはや他のブロック椅子に比べて白色のブロック椅子が手垢で汚れる（汚れて見える）という経験が生じなくなる可能性がある。そうなると、反対になぜ家族内にそのようなルールが成立しているのかが不明となり形骸化してしまう。様々なルールの背景に、そのルールを成立させるに至った要因があること、それは詳細な行動の観察からある程度了解可能となることは重要である。そのような視点に立つことは、新しい気づきのきっかけでもある。自分に理解できない他者の行動は、同じ環境の中にまだ気づいていない意味や価値を発見しているの

だと考えることができる。その行動の背景にあり、自分が気づいていないが他者が発見し利用している価値を共有することは、他者を通して生活環境に新たな発見をする楽しみをもたらすだろう。

さて、本節で扱った事例では、市松模様のようにブロック椅子の形と色の関係だけによって決まる配置は一回の片づけだけのひと時のことである一方、汚れの勾配はこの生活環境では長く持続する性質であることを指摘した。しかし、汚れの勾配もまた不変的な性質ではなく、比較的長いものであるにすぎない。育ち盛りで新陳代謝の良い子ども時代が過ぎれば、その持続にも終わりがくる。ダイニングテーブルのベンチがもはや汚れやすい場所ではなくなり、白いクッションが置かれるようになったとき、家族はその配置を通して子どもたちの成長にふと気づくかもしれない。

場所の探索と発見

本節では、実際に生活行動を通して、場所を発見する場面を具体的に観察してみたい。前節では、それぞれの家族が従事している生活行動と場所の関係についてであった。本節ではそれに加えて、家族それぞれがもつ固有の身体という条件にも焦点を当てる。

私たちが日常的に行っている基本的な行動は、身体の大きさに依存しておおよそ決まっている。これは「アフォーダンス知覚」の研究と呼ばれている。例えば、隙間を通り抜ける際に肩幅の 1.3 倍までは肩を回旋しないこと、手を使わずに乗り越えられる段差は股下長の 0.88 倍、ある高さのバーを通過するために「またぐ」か「くぐる」かの分岐点は脚の長さの 1.07 倍であり、それらは身体を基準として定数倍になっていることが報告されている（佐々木 2015）。

考えてみれば当たり前だが、周囲の環境のもつ意味は、身体の大きさによって異なる。大人にとって座れる高さの椅子も、小さな子どもにとっては座面に登ることさえ難しいかもしれず、それでは椅子とは言えないだろう。その一方で、散歩していて疲れてきたところに手ごろな段差があれば、道端の花壇だろうとガードレールだろうと私たちは椅子にすることができる。その手ごろさは、人によって違う。あるいは適度に重い石は漬物石として用いることができるが、重すぎて動かすこともできない人にとっては石ですらなく、もはや地面の一部である。こうした事情から、日常的に用いる多くの道具には使用者に合わせられるよう複数のサイズが準備されていて、高性能なものだと高さ等を微調整する機能が備え付けられていたりする。

さて、本節で取り上げる事例は、小上がりが隣接する段差が生活行動の中で身体を通して探索される場面である。まずこの場面の大まかな流れを説明しておきたい。母親からお好み焼きのタネの入ったボールを渡された長女が、そのままキッチンに立ってタネを混ぜ始める。しかし、例1.6 の 5 行目に見られるように、すぐに少し高くなっている小上がり側の方が混ぜやすいのではないかと母親から提案される。長女はそれにしたがい、小上がりに立ちキッチン上で混ぜようとする。6 行目から 20 行目まではトークサイト（キッチンの小上がり側）での出来事である。さらに長男の提案でダイニングテーブルに移動する。22 行目から 27 行目まではダイニングテーブルで

の出来事である。結局トークサイトに戻り、クッションを用いたりしながらいくつかの姿勢を試し、クッションの上に立膝で混ぜることが選択される。

例 1.6　長女がお好み焼きのタネを混ぜるための場所の探索（長男と長女 6 歳）
1　　　母親：はいお願いします《長女に向かって》（図 1.9 ①）
2　　　長男：次タツヤね（ミエの後に混ぜる役をやることを宣言する）
3　　　母親：ばーんってなんないでよ、それで
4　　　長女：よーいしょ、よーいしょ《ヘラでゆっくり混ぜ始める》
5　　　母親：あー、もしかしてそっちの方が高くていいかも《キッチンの反対側を指さしながら》
6　　　長女：はい《キッチンの反対側のトークサイトに移動する》
7　　　母親：かき混ぜるの《タネをかき混ぜながら》どうだろう
8　　　母親：《長女が反対側に回ったのを確認し》ほら、やりやすい。《長女にタネを渡して》
　　　　　　　ほら、そっちの方がやりやすいでしょ
9　　　長男：やりやすくない。タツヤそれやりや
10　　　長女：なんか
11　　　母親：高すぎる？
12　　　長女：《うなづく》（図 1.9 ②）
13　　　長男：じゃぁ立膝
14　　　母親：立膝やってみて
15　　　長女：《立膝になる》（図 1.9 ③）
16　　　母親：あー、それはちょっと自分の顔にかかっちゃうよね。
17　　　長男：タツヤ立膝でちょうどいいと思う《長女の隣に立膝で座る》
18　　　母親：あーそうかもしれない。タツヤは立膝でちょうどいいかも。
19　　　長男：あーちょっとな
20　　　母親：自分がちょうどいいところでかき混ぜてくれる？
21　　　長女：うーん、とー、うーん
22　　　長男：ねぇミエここは？《ダイニングテーブルに座りながら》
23　　　長女：《長男を見て、ダイニングテーブルに移動する》
24　　　長男：テーブルでやったら
25　　　長女：《母親の方を見る》（図 1.9 ④）
26　　　母親：それはやりにくいでしょうー
27　　　長女：じゃ、じゃ《ホームワークコーナーとの境に立ち、母親の方を見る》（図 1.9 ⑤）
28　　　長女：《トークサイトに戻ってくる》
29　　　母親：そこでやんなさい
30　　　長女：でも高すぎるよー（図 1.9 ⑥）

31	長男：あっ！いいこと思いついた《クッションを取り戻ってくる》ここに座る？《クッションを長女に差し出す》
32	長女：ここに立膝？（図1.9 ⑦）
33	長男：立膝は高すぎる
34	長女：立膝《立膝をする》ここにこう《姿勢を調整する》
35	長男：こここうやって座るの普通に
36	長女：普通に座るの？《長男を見習い座り方を変える》（図1.9 ⑧）
37	長男：見えないかぁじゃぁ立膝でいいよ、そこに
38	長女：これで、こう《クッションの上に立膝になり、歌いながら混ぜ始める》（図1.9 ⑨）

図1.9　現れた「混ぜる姿勢」。この例では適度な段差は見つからずじまいであった。なお、①手前が長女の頭部。

新しい課題を通して新たに環境と出会う

　まずはどれだけのバリエーションでお好み焼きのタネを混ぜるという生活行動のための場所が探索されたかを見てみたい。約2分の間に、キッチン、トークサイト、ダイニングテーブルの3か所の段差を行き来し、立位、座位、立膝をクッションと組みわせて計6種類の姿勢での作業が試みられている。

　このような探索行動が現れた理由は、お好み焼きのタネを混ぜるという生活行動が、長女がこれまでにこのリビングルームで行ってきた数多くの作業とは異なる課題であるためであろう。つまり、液体と固体の中間のような粘り気の強い媒質にざく切りの大きめの具材が入っているという素材を、縁がかなり高くせり上がった大きなボールの中で、自身の前腕よりも長い大きなヘラで2人分いっぺんに混ぜるという課題である。この際に、しっかりと混ぜなければならないがボールの外にタネをこぼしたりしてはいけないし、力を加えすぎて「ばーん」と飛び散らかしてもいけない。十分に強くも制御された力を発揮しなければならない。

　この課題は、これまでに数えきれないほど繰り返されてきたであろう筆記具を机面上の紙などに押し付けて痕跡を残すことや、食具を用いて食器の中の食物を口に運ぶこと、本やディスプレイなどを特定の距離で眺めて見ることなどの生活行動とは異なる。熟達していない者にとっては困難な新しい課題であり、それを達成できる姿勢はかなり限られる。こうした事情で、やりやすい姿勢が可能となるような、高すぎず低すぎずちょうどよい段差を求めて探索していたのである。新しい生活行動に参入することは、馴染みのある段差に新たな意味を発見しようとする過程でもある。成長とともに生活行動は変わっていく。その度に、わたしたちは住み慣れた環境に新たに出会い続けるのである。

他者とともに環境を探索する

　もう一つ見逃せない点がある。長女による「お好み焼きのタネを混ぜるための場所」の探索は、家族とともに行われたということである。本節では、環境の意味が、個人それぞれの身体の大きさと、その時参加している活動と関係して発見され利用されることを確認してきた。実際、母親にとってはキッチンに立って混ぜることが適当であり、長男はトークサイトに立膝で混ぜること

図1.10　母親と長男がお好み焼きのタネを混ぜる場所

を「ちょうどいい」と感じている（図1.10）。しかし、だからといって、誰かにとっての環境の意味は、他者から全く理解しえないという訳ではない。この場面では、特に長男がそれぞれの場所に実際に自分も座り、長女の方を何度も振り返りながら、長女にとって適した場所を探していた。自分の身体の探索を通して繰り返し長女にとっての環境を理解しようと試み、アイデアを提案している。他者を理解しようとする試みも、身体を通してなされている。そして、その提案が上手くいったのかどうかは、他者から見てもわかるのである。

　他者にとっての環境の意味は、わかり切ってしまうことはないが、全くわからないわけでもない。本節の事例で、長女がコミュニケーションを通して家族に促されながら環境を探索していたように、他者とともに探索できるものなのである。

　以上、本節では、新たな生活行動に参加する際に、身体を通してリビングルームにある段差を探索し、生活行動にとって意味のある場所を発見する過程を観察した。それは、新しい課題のもとでお馴染みの環境と新たに出会うような場面であった。

　この観察から改めて気づかれることは、生活環境は、様々な高低差をもつ様々な水平面の組み合わせでできているということである。環境をデザインするということは、限られたスペースに「どの広さの水平面をどの高さに設置するか」という問題でもある。様々な高低差と広さをもった水平面が、ダイニングテーブルであり、キッチンであり、小上がりであり、トークサイトであり、ホームワークコーナーであり、階段であり、種々の棚である。

　本節の事例で主に探索されていた小上がりの特徴の1つは広さにある。その広さが寝っ転がったり、輪になってゲームをしたり、舞台のようにごっこ遊びをするなどの様々な生活行動を可能にする。もう1つの特徴は、小上がりの縁がそれぞれ異なる種類の高さと広さをもつ水平面と隣接しているということである。床面、ダイニングテーブル、キッチン、階段の踏板など、小上がりの縁はそれぞれが異なる段差を形作っていて同じところがない。

　このように、小上がりには複数種の段差に囲まれていて、本節の事例でもそのいくつかが探索されていた。生活者は、様々な生活行動を通して、これらの段差の1つ1つに行動にとっての意味を発見し続ける。その段差との出会いの過程は、生活行動の変化が続く限り続くだろうし、成長とともに身体が変化していく中でも続くものだろう。前述のように、身体のサイズに合わせて様々な大きさが道具には準備されている。身体のサイズが合わなくなった道具は、合うサイズの道具にとって代わられる。しかし、住居内の段差は道具のように簡単にとって代えることはできない。その代わりに、身体のサイズが変われば、それまで用いられていた段差はじょじょに用いられなくなり、別の段差が用いられるようになるかもしれない。その一方で、別の生活行動がその段差に新しい意味を発見することもあるだろう。育った家にある段差は、生活行動の多様性と身体の変化の中で、繰り返し新しい関係を結び続けた段差である。住居は、そこで長い時間を過ごしたものにとって、特別な段差の集合体なのである。

おわりに

　本章では、生活者が生活行動を通して発見する場所という単位について、具体的な観察から考察することを試みた。家族で住む住居のリビングルームでは、複数の年代の生活者がそれぞれに異なる生活行動を通して、同じ場所に異なる意味を発見しており、家族にとってのリビングルームの重層性の一端が垣間見えた。また、生活行動だけではなく、身体もまた場所の意味を発見するための重要な要因となっていることも確認された。こうした観察から、住居は新しい生活行動と成長にともなって変化する身体を通して、新たに出会い続ける環境であり、住みこまれた住居はその出会いの経歴によって特別な場所となることが示唆された。

［参考文献］
今和次郎　1987『考現学入門』筑摩書房
佐々木正人　2015『新版アフォーダンス』岩波書店

第2章
片づけはなぜ難しいのか
その困難さと対処戦略の「しくみ」

森　一平

 はじめに——片づけの難しさ

　本章は、家庭生活のなかでもとくに困難をともなう「子どもの片づけ」場面を取り上げ、その困難さと、困難さへの対処戦略の「しくみ」について事例にそくしながら考えていく章である。

　子育てをしながら生活していると、子どもにしたがらないことをさせねばならない場面にたびたび直面する。年齢にもよるが、起床、着がえ、食事、歯磨き、入浴、就寝など、生活を構成するほとんどの活動は、この「したがらないことをさせる」ケースに当てはまりうるだろう。「もう出かける時間なのになかなか着がえてくれない」「甘いものを食べたから念入りに歯磨きしなきゃいけないのにまったく口を開けてくれない」「明日は朝が早いのになかなか寝てくれない」……などといったことは、子育て中の者なら誰しもが、毎日のことのように経験しているはずだ。本章で取り上げるのは（遊びのあと）「片づけ」であるが、この片づけという活動も紛れもなく、そのような「したがらないがさせねばならない（あるいはしてほしい）」活動の1つである。

　子どもにしたがらないことをさせるのは例外なく難しいが、子どもに片づけをさせるのはそのなかでもとくに難しい。まず、片づけを開始してもらうのが難しい。（「整理整頓」とは区別される狭義の）片づけとは煎じ詰めれば、何らかの別の活動が終了したあとにおこなわれる「事後処理作業」である。したがって、例えば遊びのあと片づけは魅力的な遊びの時間の終わりを告げるものであり、かつそれ自体は——食事や就寝などとはちがい——まったくもって魅力に欠ける大人ですら面倒な活動だから、したがらない度合いに拍車がかかるのである。加えて、子どもがなんとか片づけを開始してくれたとしても、それを継続してもらうのが難しい。片づけの作業は容易に遊びへと「転調」（Goffman 1974; 是永 2016）し、すぐに片づけ開始前の遊びの時間へと巻き戻ってしまうからである。遊びへの転調は別の活動にもよくみられることではあるが（例：食事が打楽器演奏会に転調する）、片づけの場合は少し前まで実際に使っていた「遊ぶためのモノ」に触れ続けるわけで、この転調がとりわけ生じやすくなる。

　この「子どもの片づけはとくに難しい」という直観は、社会調査によっても裏づけられている。東京大学社会科学研究所とベネッセ教育総合研究所が共同で実施した「子どもの生活と学びに関する親子調査」の研究成果——この成果は書籍化もされている（東京大学社会科学研究所・ベネッセ教育総合研究所編 2020）——を一部紹介したベネッセ教育情報サイトによれば、子育て中の親の悩みは小学生から高校生にいたるすべての学年を通じて「整理整頓・片づけ」が不動の1位である（ベネッセ 2017、表 2.1 参照）。ちなみにこの結果は 2015 年と 2016 年の調査にもとづいたものだが、2018 年でも同様の結果だという（ベネッセ 2020）。この研究成果は、させなければ

表 2.1　学校段階別（3学年別）に見る保護者の悩みや気がかり（%）

	全学生		小1～3生		小4～6生		中学生		高校生	
1位	整理整頓・片づけ	57.1	整理整頓・片づけ	58.3	整理整頓・片づけ	59.7	整理整頓・片づけ	57.9	整理整頓・片づけ	52.4
2位	家庭学習の習慣	39.2	友だちとのかかわり	47.5	友だちとのかかわり	42.3	学校の成績	45.7	携帯電話やスマートフォンの使い方	52.0
3位	友だちとのかかわり	38.3	家庭学習の習慣	40.4	家庭学習の習慣	41.0	進路・学校選び	43.6	進路・学校選び	51.5
4位	家庭の経済状況	34.7	学校の宿題や予習・復習	35.5	ゲームのしかた	36.8	家庭学習の習慣	42.3	家庭の経済状況	37.4
5位	学校の宿題や予習・復習	31.0	こころの成長や性格	34.8	こころの成長や性格	33.2	家庭の経済状況	37.3	学校の成績	35.7

（ベネッセ 2017 より，一部改変）

ならないのになかなかさせることができない片づけの困難さを――しかも、もっとも大きく非常に長く尾を引くその困難さを――示唆しているだろう。

　ちなみに、本章が取り上げるのはきょうだいが協働でおこなう片づけなのだが、その場合次節で述べる「成功の果実」もよりうまみを増すだろう一方で、難しさもより増すことになる。きょうだい全員が片づけに入るのにより多くの時間がかかるだろうし、遊びへの転調リスクも人数ぶん倍加する（一人の子が遊びを再開すれば別の子も引きずられる可能性がある）。そして何よりモメる。まさに本章で取り上げる事例がそうなのだが、仮にきょうだいの誰かが片づけを開始してくれたとしても、別の子が遊び続けていたら片づけをしているほうの子は当然のごとく文句を言う。その文句を素直に聞き入れて、片づけていないほうの子も片づけを開始してくれるならこんなに楽なことはないが、言うまでもなくそんな「奇跡」はほとんど起きはしない。結果、喧嘩になって終了……というわけだ。

　片づけの困難さについてかなり一般的な語り口で述べてきたが、実際の片づけの難しさは、このような一般的な語り口に汲みつくされるような単純なものではない。個別具体的な「現実」のありようは、その抽象化され一般化された「像」よりも圧倒的に複雑だからである。翻ってそれゆえに、この困難に対して「これさえやっておけば」といった万能薬など（管見のかぎりでは）存在しない。なるほど、育児書をめくったりインターネットを検索したりすれば労せず万能薬めいたものを見つけることができるだろう。そして確かに、そのような"万能薬"は役に立つ。ただしそれはあくまで雑駁な方針としてである。もちろん雑駁な方針でうまくいくこともたくさんある。しかし、それだけではどうにもならないことがあるのだ。

　例えばよく紹介される"万能薬"に、片づけを遊びに偽装するといったものがある。片づけを何らかのゲームに模してみたり、音楽や歌に乗せてみたりといった戦略がこれに該当する。ある種、さきほど述べた遊びへの転調リスクを逆用したかたちである。筆者自身の経験としても、こうしたやりかたがうまくいくことはもちろんある。しかしその一方で、片づけの偽装としての遊びが現在進行中のホンモノの遊びの魅力に勝てないことも多いし、偽装遊びに乗ってくれたはいいがそれがエスカレートしてしまい、結局片づけどころではなくなってしまうことも多い（音楽に乗って踊りだしてしまうとか。転調リスクの逆用が裏目に出てリスクが現実化してしまったか

たちだ）。

　このように"万能薬"とは一般的な通念どおり、症状を選ばないし問題も少なそうだからとりあえず使ってはみるけれど、劇的に効くことはあまり期待できない、そんな薬なのである。

② 片づけをめぐる教育的配慮──「しつけ」と「教育戦略」の両面性

　うだうだと子どもに片づけさせることの困難さと、それに対処することの容易でなさについて述べてきた。「そんなに難しくて面倒なことならいっそやらせなくてよいのでは？片づけなどできなくても生きていくのに支障はないし、大人でもできない人がたくさんいるではないか」。そう思われる向きもあるかもしれない。そう割り切ってしまえれば、親は子育てにおける最大の悩みから解放されることになる。しかし親としては、そんなふうにスッパリと割り切るのはとても難しい。確かに片づけなどできなくても人は生きていける。しかしそのかわり何かしらの不利をこうむるのではないか──そんな漠然としたリスク感がどうしても頭をよぎるからである。

　言うまでもなく子どもに片づけさせるということは、しつけや教育の一環である。ただ単に片づけるというだけであれば大人がやったほうが圧倒的に早いしきれいになる。にもかかわらず子どもに片づけをさせるのは、子どもの将来のためを思うからにほかならない。私たちは親として、子どもが将来「まともな」大人になれるようにとか、他者とトラブルにならないようにとか、あるいはもっと欲張りに片づけられるようになったほうが何か得になることがあるはずだという配慮のもと、その困難さに思い悩みながらも子どもに片づけさせようとするのである。

　天童・多賀（2016）によるなら、前二者のような教育的配慮を「しつけ」の側面、後者のような配慮を「教育戦略」の側面と整理することができるかもしれない。そのうえで後者の「教育戦略」の側面にかんしては、さきほども取り上げたベネッセ教育情報サイトに見過ごせない結果が紹介されている。シンプルなところからまずは図2.1を見てみよう。そこに示されている通り片づけは、なんと「成績」と関連しているというのである（ベネッセ 2017）。「片づけ」と「整理整頓」は厳密にいえば異なる活動だが、ここではその違いに目をつぶると、「整理整頓する」子には

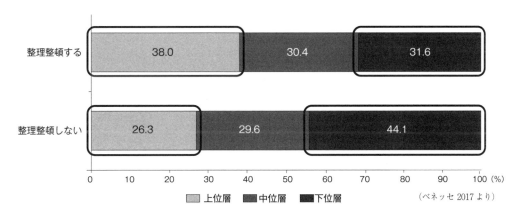

図2.1　お片づけと成績の関連（小学1〜3年生）

成績上位者が多く、「整理整頓しない」子には成績下位者が多いという傾向が読み取れるだろう。

　図2.2ではさらに、片づけが「学習の自主性」と関連していることも示されているが、これは2000年にノーベル経済学賞を受賞したジェームズ・ヘックマンの研究（Heckman 2015）がきっかけとなって急速に注目されだした「非認知能力」に該当しうるものだろう。（幼少期に身につける）非認知能力は将来の経済的成功、あるいは失敗の少なさにつながるファクターとされ、いまや認知能力（≒成績）よりも熱い注目を浴びている「新しい能力」である。グラフからはやはり、「整理整頓する」子に「人から言われなくても勉強する」子が多いという傾向が読み取れるはずだ。

　しばしばモノの分類をともなう「片づけ」や「整理整頓」が認知能力（ここでは成績）と結びつくことや、あまり楽しいとは言えないそれらをすすんでできる子が「勉強」もすすんでできるということは、「言われてみればたしかに」といったところだろう。いずれにせよこの結果は、「片づけられるようになったほうが何か得になることがあるはずだ」という私たち親の直観がかなりの程度正しいことを証拠づけている。天童・多賀（2016）は「しつけ」／「教育戦略」という区別によって「箸の持ち方の矯正」と「塾通い」のように異なる種類の家庭教育を指示しようとしていたが、こと「片づけ」ついて言えばそれは、「しつけ」をベースとしながらも「教育戦略」の要素もふくんでいるというふうに、二重の教育的配慮がいっぺんに畳み込まれた営みだというわけである。

　研究者の身からすればこのようにあらゆるものを「能力」と結びつけて考える傾向性は、中村（2018）がイギリスの社会学者アンソニー・ギデンズ（Giddens 1992=1995）の言葉に託して指摘した能力への不安に対処するための「嗜癖」（依存）にほかならないように思われ、そのような心的傾向性は人を生きづらくし社会を殺伐とさせるので、能力への「嗜癖」をそもそも産みだしてしまうような社会のしくみ——幼少期に身につけた能力で人生の豊かさが大きく決まってしまうようなしくみ——のほうをこそ見直したほうがいいと考えている……が、そんな見直しがおこな

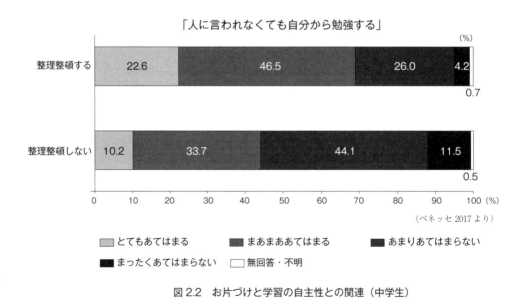

図2.2　お片づけと学習の自主性との関連（中学生）

われる前の社会をほぼ確実に生きてゆかねばならないだろう子をもつ親の身からすれば、上記の結果は決して無視できるものではない。やはり、子どもには片づけをさせねばならないようだ。

③ 困難さをときほぐす──実際の場面へ

　しかしここで話を戻せば、子どもの片づけは子育てのなかでも有数の困難さをもつ親の最大の悩みの種であり、これといった万能薬も存在しないそんなやっかいな相手なのだった。望ましい展開は、「さきほどは万能薬なんてないと言いましたが、実は今回発見したんです！」とちゃぶ台返しをすることだろうが、本章ではそんな気の利いた──しかし事実に反した──ことはできないし、するつもりもない。そのかわりに本章が提供したいのは、一種の見方の転換であり、その見方からすれば役立つかもしれないいくぶんかの情報である。順に見ていこう。

　第1節では、片づけの難しさは一般的に語りうるレベルよりもはるかに複雑だと述べた。だから万能薬も存在しないのだと。そうであるなら現実の困難さの複雑性に応じて対処法も複雑化すべきだ、というのが本章の見方である。一口に「子どもが片づけてくれない」と言っても、そのありようは様々である。だから、昨日は通じた戦略が今日は通用しないというのが基本。ならば、取りうる戦略のバリエーションを豊かにし、「これでダメなら次はあれ」と試行錯誤を継続できるような態勢をととのえておくのがもっとも効果的な対処法なのではないか、と考えるのである。

　そこで有効なのが、具体的な事例を1つひとつ丹念に検討することである。第1節で〝万能薬〟にたとえた一般的な戦略がイマイチ使えなかったのは、それだけでは現実の困難の多様なありように対応しきれないからである。一般的な戦略は必ず具体化される。しかし具体化のしかたを一歩間違えると、とたんに現実の困難のありようとズレてしまいその戦略は使いものにならなくなってしまう。要するに、一般的な戦略が機能するためには、それをどう具体化するかについての情報が不可欠なのである。その情報はいうまでもなく、具体的な事例のうちにこそ豊富にふくまれている。だから、事例そのものを検討するという手法が有効になってくるのである。

　実はこのような手法は「事例研究」や「ケース・カンファレンス」といった呼び名のもと、教師や法律家、医療・福祉従事者などといった専門家の判断能力を育成するのに効果的だとして長らく重視され実践されてきた経緯がある（稲垣・佐藤 1996: 186；岩間 2005）。本章（本書）ではそこにさらに、事例が組織化されていく様子をつぶさに観察することでその「しくみ」を読み解いていく、という味つけを加えていきたい（第1章参照）。事例を検討するといっても、その個別性にこだわりすぎては意味がない。そこで学んだことが他の事例に適用できなければ意味がないからだ。そこで「しくみ」に着目するのである。

　「しくみ」とは字義通り、事例を組みたて動かすものである（歯車をイメージするとわかりやすい）。ややこしい話になるが、ある事例を組みたて動かしている「しくみ」は、ほかの事例についても同様に、しかし別様のしかたで、それを組みたて動かすことができる（同じかたちの歯車が別の機械に組み込まれているようなものだ）。それゆえある事例から学びとった「しくみ」は別の事例にも適用できるのである。そのうえで、あらゆる事例は複数の「しくみ」によって組織化さ

れている（歯車は１つでは動かない）。だから事例からその「しくみ」を読み解くことによって私たちは、ほかの事例にも適用可能なアイデアを豊富に、しかもそれが現実に適用されたありようから切り離さずに学び取ることができるのである。

　以上のような見地から本章では以下、子どもに遊びのあと片づけをさせようとする場面の事例を２つほど取り上げ検討していく。２つの事例はいずれも、きょうだいのうち誰か（仮にＸとする）は片づけに従事しており、別の誰か（仮にＹとする）は片づけに従事していないという状況におかれている。片づけに従事しているほうのきょうだいＸはもちろんその状況を不満に思い、片づけをしていないＹに片づけをするよう働きかけるが、当然のごとくＹにはまったく言うことをきく様子がない。そこでＸは親（今回はいずれも母親）に対し自分の代わりにＹに働きかけてくれるよう救援を求めると、その救援依頼を受けた親がいよいよもってＹに働きかけていく……というのが２つの事例に共通するあらましである。

　以下ではこの２事例が組織化されていく様子を「しくみ」の可視化をはかりながら検討していくわけだが、とくに注目したいのは救援を求められた（母）親がどのような戦略を駆使してＸの言うことには聞く耳をもたなかったＹを片づけに向かわせようとするのか（あるいは片づけをしつけようとするのか）であり、その戦略がどのような「しくみ」によって組み立てられているのかである。

4　質問テクニックをもちいた「教授」と「訓練」

　最初に取り上げる例2.1の場面では、長男のみが片づけを開始しており、長女と次男はホームワークコーナー（第１章参照）で遊びを継続している。この状況を不満に思った長男は、なんとかして２人のきょうだいを片づけに向かわせようとする。一息に検討するにはずいぶんと長い事例なので、導入パートとメインパートの２つに分けて検討を進めていこう。

例2.1（長男・長女６歳、次男３歳）
01　長男：ねえ
02　　　　（3.0）
03　長男：ミエ:
04　長女：な↓あに
05　長男：な:に:じゃない
06　　　　（1.8）
07　長男：ねえ↑ママ[ミエ（が）　　　　　　　　][か↑たづけてない
08　母親：　　　　　[あの:↑いま:, なんのじかん][かな:
09　　　　（2.2）
10　母親：かたづけはじめるじかんだよ↑ね:
11　　　　（2.0）

12 ？？：°うん°
13   (1.0)
14 母親：わかって↑る:

　　きょうだいたちを片づけに向かわせたい長男はまず長女に声をかけるが、その長女はやや不機嫌そうに「なあに」と応えるだけで、片づけるどころか遊びを邪魔するなといった様子である（01〜05行目）。この反応を受けた長男は、らちがあかないと感じたか母親に救援を求めると（07行目）、「ママ」と聞いただけで瞬時に状況を把握した母親は「いま何の時間かな？」と問いかける（08行目）。

　　これは学校の先生もよく使う質問のテクニックで、ふつうの質問はある情報について知らない人が尋ねるが、この場面のようなしつけや教育の場では知っている人（親や先生）こそが質問をする。とくに、答える側も知っているような情報を問う場合──つまり知っている人が知っている人に問いかけるような場合、その質問は既習事項などわかっていて当然のことを「確認」する目的でおこなわれる。そのうえで、相手に現在おかれた「時間や場所の性質」を確認させるような質問は、その受け手を当の時空間でなすべき行為へと方向づける効果をもつ（例：図書館で「ここどこだっけ？」）。この場面で母親が、直接「片づけなさい」と言うのではなくこのような間接的手段に訴えたのは、それがみずから気づいて片づけに向かう姿勢をある程度要請するがゆえ、「自主的に片づける」というより理想に近い姿を子どもから引きだせるからだろう（だからこそ学校の先生たちもよくもちいるわけだ）。

　　さてしかし、母親のこの質問は2秒以上ものあいだ応答を得られず、その後母親自身が答えを開示してしまうことで応答のハードルを大きく引き下げながら確認を求めるが（10行目）、「片づけはじめる時間だよね？」というその追求に対しても誰が発したかすら定かでない弱々しい「うん」が返ってくるのみで（12行目）、結局このやりかたでは長女と次男を片づけに向かわせることはできなかった。

　　例2.1　続き
15 長男：《次男のおもちゃを取り上げフローリングへ移動する》
16 次男：(　　)
17 次男：ね ↑ね ::::::::
18   (2.0)
19 次男：ね: * や :::::::::::,.h あ * あ↓あ↑あ ::::::::
20 長男：《おもちゃを積まれたブロックソファの上に置く》
21 次男：.h あ n
22   .h ね：マあ：マ：(とっ　　)
23   (1.8)
24 次男：.hh ね：マ：あ：マ：(とって)

25   (1.0)
26   次男：.hh ま：ま：(おっ [て)
27   母親：   [じゃ：いま↑なにするじかんかおしえてくれたらとってあげる
28   《次男のおもちゃを手に取り後ろに控える》
29   次男：([ ])
30   母親：   [はい↑なに する じかん です↑か
31   次男：ん：ん：
32   母親：ん？
33   (0.4)
34   母親：なにするじ [かん?]
35   次男：   [(   )][(ちょうだい)
36   母親：   [だぁ もっててていいけど. なにするじかんです↑か
37   次男：ん：(ちょうだい)
38   母親：それがわ↑かんなければ ママ わたせな：い はい
39   次男：(も：[や：だ：   )
40   母親：   [なにするじかんです↑か
41   次男：(   ) かたづけ
42   母親：はい かたづけね：↑よく わかってる↑ね：
43   (0.4)《次男ジャンプ》
44   母親：えらいね よくわかってる↑ね：
45   《一度さしだしたおもちゃをひっこめる》
46   (2.2)
47   母親：かたづけするじかんっていうのは
48   かたづけっていうのはなんだかわかる：?
49   次男：《次男うなづく》
50   母親：なに：?
51   (2.2)
52   母親：ちらかっているもの↑を
53   (.)
54   母親：もとあったばしょにもど↑すってことだよね：?
55   (1.8)
56   母親：ね：?
57   次男：([ ])
58   母親：   [わかった：?
59   (.)
60   母親：はい《おもちゃを次男に手渡す》

状況が一変するのは 15 行目だ。いっこうに片づけをはじめないきょうだいたちを前に、長男が強硬手段に出たのである。長男は次男が遊んでいたおもちゃを一瞬のうちに取り上げると、ホームワークコーナーから離れたフローリング（＝「動の空間」、序章参照）へと隔離し、ついには次男の手の届かない積み上げられたブロックソファの上に置き去りにしてしまう（20 行目）。

　次男は長男によっておもちゃがその身から引き離されると激しい叫び声をあげるが（17・19 行目）、幼い身ではそれ以外になすすべもなく、現場近くで片づけをしていた母親に「ママとって」と嘆願する（22・24・26 行目）。お願いされた母親は 28 行目で問題のおもちゃを手にとるものの、そのまま次男に渡してしまっては彼に遊び継続のゴーサインを出してしまうことになりかねないため、「じゃあ、いま何する時間か教えてくれたら取ってあげる」とおもちゃを手渡すための条件をつける（27 行目）。その条件とは、まさに 1 つ前の例でも同様に求められていた「いまが何の時間かの確認」である。ただしこのとき母親が、その「確認」を通して次男に片づけを開始してもらうことまでを期待していたかどうかは定かではない。なぜならこの、「時空間の性質の確認を通して相手の行動変容を促す」という戦略は、3 歳児にはやや高度すぎる能力や態度を前提とするように思われるからだ。

　つまり、この戦略が通用するためにはまずもって、その相手が「いま何の時間？」という発話から「片づけなさい」という言外のメッセージを受けとるコミュニケーション能力をもっていなければならないわけだが、加えてさらにその前提として、あるいはそれ以外の要素として、[a]「片づけ」とはそもそもどんな活動かを知っていなければならず、[b] 知ったうえで実際にその「片づけ」を実践できねばならず（知っていることとできることは別）、[c] なおかつ「片づけ」をしなければならない状況で（したくない／他のことをしたいという欲求に優先させて）片づけることを現に選択する態度をもちあわせていなければならないのである（できることと実際におこなうことも別）。

　要するに、この「知る」「できる」「選ぶ」の 3 条件が相手に満たされていないかぎり「確認による行動変容」戦略は通じないわけだが、これは 3 歳児には高すぎるハードルであるように思われるのだ。やりとりに戻ろう。当時 3 歳だった次男は、上記の諸条件が問題となる以前にそもそも母親の質問に応じることすらせず——つまり次男はまだ「質問に‐答える」といった「隣接対」（串田・平本・林 2017: 78、本書第 5 章参照）をめぐる規範にすらコミットしきれていない——、依然、嘆いたりおもちゃを要求したりするばかりである（35・37 行目）。それに対しても母親はねばりづよく次男による確認を追求していくと（30・34・36・38・40 行目）、それが功を奏して 40 行目の質問については「かたづけ」という答えを得ることができている（41 行目）。この答えを評価した母親は次男におもちゃを渡しかけるが、しかしなぜか思いとどまり一度さしだしたおもちゃを引っ込め（44 〜 45 行目）、引き続き「質問」−「応答」のやりとりを継続していく（47 〜 48 行目）。

　ここで母親が思いとどまった理由は、後続する質問に見てとることができる。48 行目で母親は「片づけっていうのは何だか分かる」と問うているが、これは明らかに上記 3 条件のうち条件 [a]

について問うものだろう。つまり母親は、次男から「今は片づけの時間である」という答えを引きだすことには成功したものの、彼がそもそも「片づけとは何たるか」という前提的知識をもたずただ機械的に上記の答えを発していた（かなり高い）可能性に思いいたり、それについて問う追加の質問を発したということなのである。

　実際、母親のこの直観は正しく、次男は母親の「何だか分かる？」という質問に対し最初こそ首を縦に振るものの、その後「何？」と追求されると言葉をつまらせてしまう（50〜51行目）。そこで母親は質問の難易度を下げるため、ヒントとして徐々に答えを開示しながらその合間に応答の機会をもりこんでいく「順番の細断」（森 近刊）と呼ばれる質問テクニックをもちいて次男に答えを述べるチャンスを再度与えるも、結局次男は口をはさむことができず母親が答えを言い切ってしまう（52〜54行目）。つまり、次男は母親の直観どおり片づけとは何たるかを理解しないまま、いまが片づけの時間だと答えていた可能性があるわけだ（単に言語化できなかっただけの可能性もあるが）。

　このように次男は先述の条件[a]を満たしていなかった可能性があり、したがっておもちゃを渡してもその後片づけを開始してくれる見込みは薄いわけなのだが、にもかかわらず母親は「片づけとは散らかっているモノをもとの場所に戻すことである」というここでの「正解」を次男がきちんと理解したかを数度確認しようと試みたが最後（56・58行目）、もはやためらうことなく次男におもちゃを渡している（60行目）。この母親のふるまいは何を意味しているのだろうか。──おそらくこれが意味しているのは、母親による以下のような方針転換なのだと思う。

　そもそも母親は、一度渡しかけたおもちゃを再度後ろに引っ込めた段階ですでに、次男に「確認を通した行動変容」戦略が通ずるための条件が整っていない可能性に思いいたっていた。そうであるなら、それ以上問答を継続しても次男を片づけに向かわせることは難しいだろう。しかし問答を継続する中で「片づけとは何たるか」を教えることは依然可能である。その点からすれば、58行目までのやりとりを通して「片づけとは散らかっているモノをもとの場所に戻すことである」という知識を教授し終えた母親は、たとえその場で次男が片づけを開始してくれなくても、いずれは片づけてもらえるようになるための一手を確かに打てていたことになる。だから60行目で母親は、もはやためらうことなく次男におもちゃを手渡すことができたのである。

　片づけの実践を繰り返させる「訓練」から、片づけの知識を伝える「教授」へ──以上の母親による方針転換は、そのようにまとめることができるかもしれない（ちなみに「教授」も「訓練」もドイツの教育学者ヨハン・フリードリヒ・ヘルバルトの用語として有名だが、ここでの使いかたはそれとはいくぶんか異なっている（三枝 1982））。子どもに片づけさせるということは、第2節でも述べた通りしつけや教育という要素を多分にふくんでいる。実際に片づけさせるのもしつけの一環だし、言葉で片づけとは何かを教えるのも文字通り教育の一環である。その組み合わせと積み重ねを通して、子どもは片づけを覚えていく。事例2.1はまさに、この組み合わせの具体例を示すものだったと言えるのではないだろうか。

⑤「大人／親」の立場を活かす

　次に取り上げる例2.2の場面では、今度は一番年下の次男が長男・長女に片づけ場所を指示している（06〜14行目）。長女はその指示に従うようにすすんで片づけをしているが、長男はなにやら気乗りしない様子でいっこうに片づけに入ろうとせず、しまいには一人遊びをはじめてしまう（15行目〜）。つまりこの事例は、次男・長女のほうが片づけていて長男は片づけていないという、2.1とほとんど真逆の場面設定だということになる。少し長くなるが、こちらは一息に検討してしまおう。

例2.2（長男・長女8歳、次男5歳）
01　母親：はい , じゃあ , かたづけかいし
02　　　　(0.6)
03　次男：かたづけ (を) かいし
04　　　　(4.0)
05　母親：タツヤもやるんだよ
《中略》

06　次男：　タツヤは : そっちを [かたづけて
07　長男：　　　　　　　　　　　[(　　)
08　　　　　(1.2)《次男の手を払う》
09　次男：タツヤは [そっちをかたづけ　　　] ↑て＝
10　長女：　　　　　[ミエあっちをかたづける]
11　母親：＝はいどいてくだ [さ ::: い
12　次男：　　　　　　　　　[ミエ ↑ は : (2.0)
13　　　　　ミエは (1.0) ミエは , .h こっちをかたたづけて
14　　　　　ケンタはこっちをかたづけるから
《中略》
15　長男：スター tu《何かを打ち鳴らす音》
16　次男：タツヤもかたづけんの
17　　　　(1.0)
18　長男：ゴ ::: ル
19　　　　(5.0)

20　長男：いまこれかたづけてるってゆってるよ？
21　　　　《足を左右に動かす》
22　長女：ゆっ ↑ てない
23　長男：ゆってる ↑ よ
24　　　　(1.0)

25　次男：＞マ[マ＜

26　長男：　　　[あしでごみはたいて[る

27　次男：　　　　　　　　　　　　　　[ママ:?

28　　　　あのさ,[(　　　　　　　　　)]さ

29　長女：　　　　[↑タツヤ片づけてない]

30　　　　(.)

31　次男：あタツヤ(ってあの)さ,かたづけてるってゆってさ

32　母親：タツヤかたづけてない↑ね:ひとりでね:

33　次男：ほら

34　長男：かたづけてるよ

35　　　　(.)

36　長男：ゴミはたいてんだもん

37　母親：ちゃんと↑ねケンタは っ だれがどこ だれがどこって

38　　　　ぶんたん:: ゆってくれたのに↑ね:

39　長男：タツヤやなんだもん

《中略》

40　長男：だってさ:↑ケンタがさ:↑ケンタのもの,(.) ばっかりだからさ:(.)

41　　　　なに-どれすてていいかとか ぜんぜんわかんないんだ↓もん

42　母親：じゃあきい↑て ママに.

43　　　　(1.4)

44　長男：↑↑ケンタのでしょ

45　母親：ママがいうから.

46　　　　＞ママがわかるものは＜ ママがいうから.

47　　　　ママがわ↑かんない↑のは↓ケンタにきくから.

48　　　　(2.2)

49　母親：ね:ケンタ:

50　次男：うん

　05行目で母親に「タツヤもやるんだよ」と釘をさされているように、長男は母親のかけ声で片づけが開始された当初から気乗りのしない様子であったが、08行目で片づけ場所を指示する次男の手を払うような動作をしているところからも垣間見えるように「弟」である次男に指示されたことが気に食わなくていっそう気が乗らなくなってしまった可能性もある。こうしたきょうだい間の関係性やプライドにまつわる機微も「もめごと」の原因となりうるわけだ。ともかくも、ここでの家族の課題はどうにかして長男を片づけに向かわせることと相成ったわけである。

　そこでまずは指示を出していた次男が直接「タツヤもかたづけんの！」と要求するものの、リビングのすみに腰かけた長男はまったく意に介することなく「スタート！……ゴール！」と一人

遊びを開始してしまう（15・18行目。何がスタートし、ゴールしたのかは不明）。それでもその5秒後、長男は弟の要求にちょっとした反応をみせるが、その反応とは簡単にいえば「長男も片づけるべきだ」という次男の規範的要求に対する「抗弁」だった。画像がやや見にくいが、長男は20〜21行目で腰かけた元の姿勢は変えず前に投げだした足をおもむろに左右に動かし、その自分のふるまいを「片づけている」のだと主張しはじめたのである。「君は片づけろというけれど、ご覧のとおりすでに片づけていますが何か？」というわけである。

　直後、この長男の〝ヘリクツ〟に対して22行目で長女が反論するものの、長男も負けじと再反論する。いわく、足を左右に動かすことで「ゴミをはたいている」のだから、自分のふるまいはやはり片づけていることになるのだという（26行目）。もはや、長男がきょうだいたちの要求に素直に従うつもりがないことは明らかだ。このことを見越してか次男は、長男の〝ヘリクツ〟が発せられる直前、すでに母親へと訴えを開始していた（25行目〜）。長女もその訴えに乗じると（29行目）、母親は「タツヤかたづけてないね」ときょうだいたちの訴えの正当性を認め、長男によるふるまいの自己記述（＝「片づけている」）を正面から打ち砕こうとする（32行目）。

　長男は母親に対しても長女にしたのと同じ論法で抗弁するが（34・36行目）、当然母親がそんな〝ヘリクツ〟に耳を貸すわけもなく、次男のふるまい——ただ片づけをするだけでなく年下の「弟」であるにもかかわらずきょうだい間の分担を指示してくれたふるまい（ただしこのある種「僭越な」ふるまいこそが先述のとおり長男のやる気のなさに拍車をかけている可能性もあるのだが）——と比較することで、長男の「片づけていない」現状のふるまいを間接的に非難する（37〜38行目）。すると長男はこの母親の発話に対し「やなんだもん」（39行目）と応じることで、すなわち「たしかに片づけていない（が、それは嫌だからである）」と言外に認めることで、ここまで打ちだしてきた「自分は片づけている」という強弁を撤回するにいたる。

　ここで、きょうだいたちにはできなかったのに母親には長男の戦略的行為記述を覆すことができたのはひとえに、母親が「大人」であるからにほかならない。何を当たり前のことをと思われるかもしれないが、そこには以下のようにこの当たり前を機能させるための単純ならざる「しくみ」がある。すなわち、「大人」は「成熟」、「子ども」は「未熟」という述語と対比的に結びつくが、この対比関係ゆえに「大人」は身の回りのほとんどのことがらをめぐる「正しさ」の判定において認識的にも規範的にも「子ども」より優位な立場にある（だからこそしつけも教育も可能になる）。長男も自然に共有している——これはよくよく考えるとすごいことだ——この立場の階層構造が、長男による行為記述の撤回をもたらしているのである。その意味で次男・長女が母親に助けを求めた作戦は見事に成功をみたわけだ。

　しかし長男もただでは引き下がらない。なぜなら39行目の「やなんだもん」という発話は自分が片づけていないことを間接的に認めるものである一方で、同時にすかさず別の戦略の始動を告げるものでもあるからだ。すなわち、たしかに自分は片づけをしていないがそれは片づけが「嫌」だからであり、さらにその嫌さにはもっともな理由があると、今度は片づけをしない「理由」を盾に長男は抵抗をはじめたのである。40〜41行目に示されたその理由とは、片づける対象が「次男のモノばかりだから、どれを捨てていいかとか全然わからない」というものである。つまり、

モノを移動したり捨てたりする権利はその所有者に帰属するというある種の「所有権」を暗に参照しながら、みずからは所有者ではないためその権利をもっておらずしたがって片づけに必要な判断ができないということを、みずからのふるまいを正当化するための根拠として母親にぶつけているのである。

　しかし母親は直後の42行目で、「じゃあママに聞いて」と述べることでこの正当化根拠をいともたやすく無効化する。何を「ママに聞く」のかといえば、「どこに片づければいいのか」などといった弟の所有するモノの処遇判断についてだろう。ここで、なぜ所有者でもない母親にそんな判断が可能なのかという疑問が生じるかもしれない。実際に長男もその疑問を口にしているが（44行目）、母親のこの発話が長男の抗弁への無効化戦略になりえているのには、以下のような背景がある。

　母親はいうまでもなく「親」である。そして「親」は、その権利・義務として子の事情をかなりの程度（年齢によっては子ども自身よりも）把握しておらねばならず、その把握にもとづいて子の判断を一部（年齢によっては全面的に）肩代わりすることができる（しなければならない）。この「親」の立場にたつことで、この42行目の母親の発話は無効化戦略としてなりたっている。言い換えれば母親はここで、おそらく前述の「プライド」の問題で次男には直接判断をあおげない長男の心情の機微を察し、（やや形式的に表現すれば）「親」という（成員）カテゴリーに結びついた権利・義務のネットワークを資源としながら次男の代わりにその所有物の処遇判断をくだす「代理人」を名乗りでることで、長男が提示する「片づけをしない正当な理由」を潰しているのである。

　もちろん、長男が44行目で口にした疑問に含意されているように、親が子の事情のすべてに通じているわけではない。次男の所有物について、それをどう片づけるべきか判断しがたい場合も少なからずあるだろう。だからこそ46〜47行目で母親は、この長男の疑問に応えるように「ママがわかんないのはケンタに聞くから」と、母親自身に判断が難しい場合には長男に代わって次男本人に判断をあおぎにいく「仲介人」をも同時につとめると提案することにより、長男の自己正当化戦略を完全に無効化しているのである。

⑥ おわりに

　以上、本章では2つの事例を取り上げ、子どもの（きょうだいでの）片づけの困難さとそれに対処する親の戦略が組織化されていく様子を、まさにそれを組織化する「しくみ」を可視化しながらたどってきた。そこで明らかになったことをまず、この「おわりに」の最初にまとめておきたい。

　事例2.1では、母親が長男の救援依頼を受け、片づけをしようとしない（長女・）次男に対し「時空間の性質についての確認質問」を通した片づけへの方向づけを試みていた。次男は当初、その母親の言葉にほとんど耳を傾けなかったが、長男の奪い去ったおもちゃが交換条件となり母親との問答の土俵に乗ってくることになった。しかしそのやりとりのなかで次男が、上記「確認に

よる行動変容」戦略を機能させるための3条件（知る・できる・選ぶ）を満たしていないことが感じとれたため、母親は「順番の細断による片づけの教授」へと——つまり「訓練」させることから「教授」することへと、その戦略を切りかえていた。

　事例2.2では、自分より年下の「弟」が片づけ場所の指示をする状況に不満をもってか一向に片づけに入ろうとしない長男が、きょうだいや母親の論難に対して、「足を左右に動かす」動作を「ゴミをはたいている＝片づけている」と強弁するある種の“ヘリクツ”によって抵抗していた。母親は「大人」−「子ども」というカテゴリー対に結びついた「正しさ」の判断に関する優位性を背にしてこの“ヘリクツ”を突っぱねると、長男は片づけていないことをしぶしぶ認めつつ、次にはその理由——「所有権にもとづくモノの処遇判断の不可能性」——を盾に自身の正当性を訴える戦略へと舵を切る。母親はこの戦略変更に対しても、その権利・義務ゆえに子の判断を肩代わりできる「親」の立場を資源として参照しながら、みずからが所有者＝次男の代理人／との仲介人を務めると名乗りでることにより長男の抵抗戦略を次々に無効化していった。つまり母親は、自身のよって立つ成員カテゴリー（Sacks 1972=1989）の特徴を巧みに参照・利用することによって、長男の打ちだす抵抗戦略をことごとく打ち返していたのである。

　以上、事例の検討から見えてきた（とくに母親の戦略を構成する）「しくみ」——「時空間の性質についての確認質問」や「順番の細断」、「大人／親（−子ども）」という成員カテゴリーの諸特徴など——はいずれも、ほかの場面においても同様に（しかし別のしかたで）利用可能な汎用的道具である。汎用的ではある一方でしかし、（第1節の議論に戻るが）これらの道具もやはり個別状況のなかで具体化されなければもちいることができない。

　翻ってこれらの道具は事例のなかで徹頭徹尾、個別の状況にふくまれる偶然性に依存し、またそれに応じるかたちでもちいられていた。事例2.1において母親が「確認質問を通した行動変容」や「順番の細断による教授」といった戦略を行使できたのは長男が偶然セットアップしてくれた環境のおかげであったし、事例2.2で母親が「大人」や「親」の立場を参照することで長男の戦略を次々無効化していったそのしかたは、長男が即興でくりだした”ヘリクツ”に応じたものだった。

　このような汎用的道具と状況の個別性・偶然性との結びつきはそれ自体、「事例研究」や「ケース・カンファレンス」の成功に見るように私たちに多様な気づきをもたらしてくれるだろう。一方でそれは同時に、第1節で“万能薬”の比喩にたとえて論じたような困難さの種にもなりうる。だから鍵になってくるのは結局のところやはり、取りうる戦略をどれだけ豊かにできるかであり、そうすることでいざ困難にぶつかったときどれだけ長く試行錯誤を継続できるかということなのだと思う。

　そこで本章が最後におすすめしたいのは、事例から「しくみ」を読みとるという、事例の見方そのものになじんでもらうことである。なぜなら本章が提供できる「しくみ」の情報やそこから得られる「気づき」の数は、片手の指で数えられる程度のものに過ぎないからである。しかし事例の見方そのものを修得してしまえば、今後その数を一挙に増やすことができる。

　なにも他人の家の子育て実践をつぶさに観察せよ、というのではない。自分自身が日々とりお

こなっている、うまくいったり、いかなかったりする子育ての事例を、「どんな『しくみ』でそうなったんだろう」という視点でちょっと振り返ってみるだけで十分なのである。その振り返りはきっと、毎日の子育てを楽なものにしてくれるだけでなく、楽しいものにすることにも貢献してくれるはずである。

［文献］

ベネッセ　2017「保護者の悩みの種『お片づけ』、できる子とできない子の違いは？」, ベネッセ教育情報サイト, （2021年2月15日取得, https://benesse.jp/kosodate/201707/20170731-1.html）

ベネッセ　2020「子育ての悩みナンバーワン『整理・整頓』が将来役に立つ力を育てる ベネッセ教育総合研究所が子どもの生活・学びの困りごとに応えるシリーズ(11)」, ベネッセ教育情報サイト, （2021年2月15日取得, https://benesse.jp/kosodate/202006/20200609-2.html）

Giddens, Anthony, 1992, *The Transformation of Intimacy: Sexuality, Love and Eroticism in Modern Society*, Cambridge: Polity Press.（＝1995, 松尾精文・松川昭子訳『親密性の変容──近代社会におけるセクシュアリティ, 愛情, エロティシズム』而立書房）

Goffman, E., 1974, *Frame Analysis: An Essay on the Organization of Experience*, New York: Harper and Row, 1974.

Heckman, J. J., 2013, *Giving Kids a Fair Chance*, Cambridge, MA: MIT Press.（＝2015, 竹文雄解説, 古草秀子訳, 『幼児教育の経済学』東洋経済新報社）

岩間伸之　2005『援助を深める事例研究の方法［第2版］──対人援助のためのケースカンファレンス』ミネルヴァ書房

是永論　2016「E. ゴフマンにおけるドラマティズム再考──行為のフレームから活動の記述へ」『応用社会学研究』(58): 357-266.

串田秀也・平本毅・林誠　2017『会話分析入門』勁草書房

森一平　近刊「子どもたちの活発な発言を引き出す：教師の発問技法と児童の発言機会」五十嵐素子ら編『子どもの豊かな学びの世界をみとる──これからの授業分析の可能性（仮）』新曜社

中村高康　2018『暴走する能力主義──教育と現代社会の病理（ちくま新書）』筑摩書房

Sacks, H., 1972, "An initial investigation of the usability of conversational data for doing sociology," in D. Sudnow（ed.）*Studies in Social Interaction*, New York, NY: Free Press, 31-73.（＝1989, 北澤裕・西阪仰訳「会話データの利用法──会話分析事始め」、G. サーサス・H. ガーフィンケル・H. サックス・E. シェグロフ『日常性の解剖学──知と会話』マルジュ社, 93-173.）

三枝孝弘　1982『ヘルバルト「一般教育学」入門』明治図書出版

天童睦子・多賀太　2016「『家族と教育』の研究動向と課題──家庭教育・戦略・ペアレントクラシー」『家族社会学研究』28(2): 224-233.

東京大学社会科学研究所・ベネッセ教育総合研究所編　2020『子どもの学びと成長を追う──2万組の親子パネル調査から』勁草書房

▶▶▶第1部からの気づき◀◀◀

八木邦果（ミサワホーム総合研究所）

　片づけという行為は非常に奥深い。大なり小なり毎日行う行為ではあるが、家族それぞれに暗黙のルールがあり、明確化されていないがゆえにトラブルにつながることも多い。子どもにとっては、しつけや教育の一環で親から片づけを指示される場面も多いが、非常に多くの学びを得る機会であることに本研究会を通して改めて気づかされた。

　第1章「生活行動を通して発見する場所の意味」では、家族で行うブロック椅子の片づけを通して、大人も子どもも日常生活での様々な行動には自分なりのルールがあることが描かれている。そのルールが出来上がるにいたった背景や解釈は家族であっても一人ひとり異なることが指摘されている。このことは、複数人で生活していくうえで非常に重要な視点である。家族であっても考え方はそれぞれで、子どもも彼らなりの独自のルールをもちながら、片づけなどの生活行動をしている様子が改めてわかる。今回の事例ではブロック椅子の片づけにおいて、子どもは色を揃えて並べたい、親は白いブロック椅子の汚れが目立たないように配置したいという考えが根本にあった。

　大人同士でも個々人の行動にある背景は異なるし、時にはその解釈の理解に苦しむこともある。子どもであっても彼らなりの考えのもとに行動している。親が一方的にルールを押し付けるのではなく、子どもの考えるルールも聞き出すこと、親子間の対話の重要性を改めて感じさせられる事例であった。

　これは、家事においても当てはまる。近年は夫婦共働きの家庭が増え、夫も家事分担することが当たり前になってきている。我々住宅会社の提案も彼らをターゲットに、家事のしやすさをアピールした間取りや設備に関するものが多いが、正直にいうと間取りや設備だけでは解決できないことも多い。例えば家族で分担して家事を行う際、主にその家事を担当している家族と、時々担当する家族ではそのやり方は当然異なる。主に担当している家族には自分なりのルールがあり、時々担当する家族に対し、あれもダメこれもダメと指摘して揉めるケースがよくある。お互いがなぜそのルールで行動しているのか、その背景や行動にいたった経緯まで共有したうえで、相手を否定せずに歩み寄ることが重要だ。しかしながら実際の生活ではそううまくはいかないのだが、それが重要だと心に留めておくだけでも家庭内のいざこざは少しは減るかもしれない。

　第2章「片づけはなぜ難しいのか」では、子どもたちによる片づけのいくつかの事例を通して、「片づけ」という行為そのものの困難さが描かれている。子どもにとって「片づけ」と

いう行動は、単にモノを所定の場所に仕舞うこと自体のテクニックを身につけるだけではなく、様々なことを学ぶ機会になっていることに改めて気づかされる。

　例えば本研究会での別の分析事例では、遊び道具を片づける際、一見するとゴミに見えるヒモ状のモノを捨てようとした兄に対し、まだ弟がそれで遊ぶ可能性があるため、捨てるべきではないと父が指摘した場面があった。自分以外の家族が置いたと思われるモノを片づける際には、その家族がなぜそこに置いているのか、しまっても良いのか、はたまた捨てても良いのか、これからまだ使う予定があるかなど、相手の考えを想像するテクニックまで要求されることがわかる事例であった。

　本研究会では片づけに関する事例が多く取り上げられた。それだけ生活の中で片づける行為が子どもを巻き込んで日常的に行われていることを示していることがわかる。住まいにおいては、大人の視点で片づけしやすい配置や空間を設計しがちであるが、子どもにとっても片づけしやすく、楽しんで片づけできる仕掛けなど、親が対話しながら子を誘導し、片づけを進められるような環境が必要であると感じた。

コラム① 母となった私が、生活者行動観察研究会から学んだこと

森元瑶子（ミサワホーム総合研究所）

　私はミサワホーム総合研究所の研究員として、本書の生活者行動観察研究会に立ち上げ時から参加させていただいている。その間に私生活も変化し、2児の子育てをするようになった。

　共働き子育ての目まぐるしい日々の中で実感するのが、この研究会の肝である生活を観察することの重要性である。

日常は、あっと過ぎてしまう出来事が積み重なって出来ている

　部屋が片付かない、些細なことで口喧嘩してしまった、子どもの興味を引き伸ばしてあげられた、ひょんなことで子どもが手伝いをしてくれた、など、いろんな感情とともに小さな出来事が過ぎていく。

　忙しさとともに過ぎ去ってしまったことを忘れることは簡単だ。私は写真共有アプリに毎日投稿している写真を、振り返って見てみることがある。例えば、終日ワンオペ育児・家事だった日の就寝時に、派手に散らかしてしまった子どもたちの写真を見ると、その時は泣きたくなるぐらい大変だったはずだったのに、すっかり記憶から抜けていたことに驚く。喉元過ぎれば熱さを忘れてしまうのだ。

　でも実際は、過去に不快だったことは繰り返したくなく、上手くいったことはそれっきりにしたくない。そのための仕組みを構築するためには、どうしたら良いか。

　それは、日常生活をじっくり観察、分析することなのだと、この研究会から教えてもらった。

子育てに万能薬はないことに気づき始める親

　そもそも、成長段階の子ども達とのやりとりは、ほぼ思う通りにいかず、そのことで思い悩むことも多い。日々の感情の揺れ幅は大きくなり、その頻度も増える。そんな状況下で、大人が話し合う時間や、自由に使える時間の捻出が難しくなると、家が片づかなかったり、些細なことでトラブルになったりと、自分たちの暮らしを整えていくことが困難になりがちだ。

　こうした暮らしを少しでも快適にしていくため、子育て・家事のライフハック（工夫）について、書籍やインターネット、保育士さんや友人、親から現在進行形で学んでいるのは、私だけではないだろう。そして、森先生の表現でいう"万能薬"は、子育てを進めていくにつれ存在しないことに気づき始める。

　このことに直面する最初の場面は出産準備かもしれない。

　出産準備で親がまず行き着くのが、子育て雑誌やインターネット上に「出産準備リスト」だ。そして、大抵のリストには「各家庭の状況に合わせて、参考にしてください。」と小さな注意書きが添えてある。ただ、第一子の出産準備では特に、その意味が理解しきれない。その情報を元に吟味

して購入しても、たいてい、子どもの性格・癖によって全く使えないグッズがあり、結果次々と買い足していく、といった一連の流れは多くの子育て家庭が経験することだ。そしてこの万能薬が効かない問題は、出産から十数年続く子育てのあらゆる場面で続く。そのため、自分の軸をしっかり持った上で、自分たちの状況を観察・分析して、より良くしていくことが重要なのだと痛感する。

無数の子育て情報に翻弄され、自分や子どもを責める親

有効と言われている、たくさんの子育て手法や声掛けの手法は無数にある。困りごとは常にあるので、アンテナを張って集めた薬を試しては、失敗する度に落胆する。

また、理想と現実のギャップも多い。子どもの睡眠時間、食事、テレビ視聴との付き合い方、片づけの程度など。数々の"薬"を試しても効かない場合、自分たち親のせい、子どものせいだと責めてしまいがちだ。

そうして悩みながら優先したい理想を目指しつつも、家庭ごとの落とし所をつけていく。

子育て中は全て理想通りではないことへの、心の引っ掛かりを大なり小なり抱えている人は多いだろう。

「子育て」は、過去に誰もやってこなかった実験と捉えてみてはどうか

例えば、ある一人の子の子育ては、その子育て従事者（親や親代わりの人を含めて）以外、過去に誰もやった事がないはずだ。このことを前向きに「過去に誰もやってこなかった大実験」と捉えてみてはどうだろう。私は、本研究会に参加していて、ふと、そう考えた。

自分の日常生活を「実験」と捉えるだなんて、大ごとに聞こえるかもしれない。

でも、そのように捉えることで、得られる効果があると感じている。

実際、私自身も研究会の初期は、家庭の日常のシーンについて、先生方が抽象度の高い専門の言葉で表現されるのが新鮮で、不思議な感覚に陥ったこともあった。しかし、そのような観察と分析があったことで、その事象を元にどのような提案ができるだろうかと、考えやすくなった。

今まで見過ごされてきたようなシーンについて、冷静に捉えられるようになったと感じる。

「実験」というのは、例えば、こんなイメージだ。

1. 情報収集：効果的と思われる薬（情報）を入手
2. 観察：子どもや家族を観察して、薬とタイミングを選ぶ
3. 試行：薬を試す
4. 継続：効果があった薬は、効果が続くまで使う
   （効果がなかった薬はまた薬箱（頭）に保管しておく）
1〜4を繰り返していく。

子どもの成長度合い、性格、環境は、固有のものだ。だからこそ、「観察」がいかに重要かおわか

りいただけると思う。

「観察」してみると冷静になれる

　特に、家族のような身近な人が、自分の考える基準から大きく外れた行動をすると感情的になってしまう人も多い。私もその一人だ。ついつい、手っ取り早く感情のままに注意してしまうと、相手の感情もマイナスに働き、問題解決からは遠ざかってしまう。

　一方、「実験」の観察モードに切り替えると、家族を観察対象として客観的に見るようになるのだ。家族を、自分とは違う対象と捉えられることで冷静になれる気がする。

　私自身は、時間が許すときには一旦心を鎮めて、室内のビデオカメラをつけた気持ちになり、観察してみることがある。その後、相手の文脈を聞いた上で「収納場所をおもちゃの家に見立てて片づけの声掛けしてみよう」「帰宅後の動線上にカバン置き場を作ろう」といったような、建設的な解決案を話し合うのだ。それでも、うまくいかないこともたくさんあるが、以前より暮らしは少しずつ進化しているし、精神的にも良いと感じている。

「実験」は、失敗が当たり前の長期プロジェクト

　この「実験」については、都度の失敗は当たり前と考えてみてはどうだろうか。なぜなら固有な条件が絡み合う、唯一無二の環境下での大実験なのだから。その環境下で、その試行が適応しなかったという結果が明らかになったと思えば、子育て中の心が少し軽くならないだろうか。

　そして、子どもが巣立つまで続く長期プロジェクトなのだから、どうせやるのであれば、試行錯誤を面白がってみようと、私自身も感情が揺れ動く生活の中で自分に言い聞かせている。

職場にも、家づくりにも役立つ、当事者による観察

　おわかりいただけると思うが、この話は子育てに限った話ではない。職場、ご近所付き合い、大人だけの家庭。複数の人が共存する環境下では全く同じことが言える。

　また、家づくりにおいても日常生活の観察は重要だと感じている。

　建築士や営業マンは、提案のため、必死にお客様のヒアリングをして要望を汲み取ろうとする。しかし、それはお客様たち自身がヒアリングによって言語化できた内容だけだ。内側にある潜在的な要望や、生活の癖に気づく機会は、本人たちが最も多い。そのためにも、じっくり自分たち自身を観察することが重要だと思う。

　日常で感情が揺れ動いたら、一旦、頭の上にある定点カメラのスイッチを押す、そんな感覚で、暮らしを観察してみてはいかがだろうか。

第2部

家族と感情

第3章
家族への配慮と家事労働
感情管理と道徳を教えること

須永将史

 **はじめに**

　デヴィッド・モーガンは、既存の社会学が「父親と母親、そして二人の子ども、すなわち一人の男の子と一人の女の子」から成る家族構成を標準的モデルとし、それを研究対象にしてきたと批判している。モーガンによれば、このような「定冠詞つきの家族」から家族研究を出発する必要はなく、そのような研究手法は、定冠詞つきの家族概念を「実体視」し、「もろもろの家族の変化が絶えず変化しつつある点」を公平に取り扱うことに失敗しさえするという（Morgan 2011=2017: 3）。

　モーガンは、家族はこまやかな活動の組み合わせとして構成されており、どのようにそれが構成されているのかに研究者は目を向けるべきだという。家族は、一見意味なく見えるようであっても、そのメンバーらによって遂行される、いうなれば「家族している」というラベルでまとめられる実践の集合だという。重要なのは、この実践が日常生活の中で常に続いていくことである。

　ただし、モーガンは「家族実践とは、…中略…それらの実践が家族に関わることであって、それ以外の何か別の関係の組み合わせに関わることではない、と規定されるような実践である」とも述べている（Morgan 2011=2017: 18）。諸実践が家族実践であるためには、家族のメンバーが誰であるかを当人たちが区別し、当人たちがその家族を維持するためになされる実践である必要があるのだ。感情的あるいは情緒的行動、義務的な行動などの他者とともになされる多くの実践がある中、家族実践と他の実践を分けるのは、まずは当人たちがそれをどう区別するかが重要だというわけである。

　モーガンは、家族が実践であることを強調するために、ハロルド・ガーフィンケルの実験を紹介している。かつてガーフィンケルは、自身の学生に、ある実験をするよう指示した。この実験は、共通理解の背後にある基盤〔背後期待〕がどういう役割を果たしているかを明らかにする実験だった。まず、共通理解と背後期待について若干説明しよう。

　我々は、日常生活の中で、言葉や身体的ふるまいを取り交わし、相互行為の中で出来事を瞬時瞬時構成していく。例えば親が、いたずらをしでかした子どもに対し、強い口調で長々と悪事を責めたり、その後に子どもが謝ったりするとき、それが「お説教」の時間であることはお互いに共通に知られている出来事であるだろう。出来事をともに理解しながら（共通理解）、こうした日常の茶飯事を処理していくときに、この親子はお互いの言うことをどのような方法で理解し、相手はどうやって理解しているのかをいちいち確認しているわけではない。つまり、お説教が「お説教」として成立するための条件や規則を、お互いにいちいち確認してからお説教を始めている

わけではない。しかしながら、「成員たちは、何が今話題になっているかを知って」いて、「相手が理解してくれるものだと予期」し、前提しあっている。どのように成立しているのか、どのような方法でお互いが「お説教」の始まりや終わりを管理しているのか。それは「見られているが気づかれないままに」、やりとりの背後に、基盤として存在している（Garfinkel 1964=1995: 41）。家族生活の基盤にある「背後期待」とはどのようなものなのかを半ば無理やり明らかにしようとしたのが、下宿人実験である。下宿人実験は、2回にわたって行われた。第1の実験は、いわば下宿人として家族を観察する実験であり、第2の実験は下宿人として家族に接する実験である。この実験によってガーフィンケルは、学生たちに、家族生活という「日常的でなじみぶかい場面」をどのように見ているのかを思い起こさせようとした。学生たちにとって「あたりまえ」なものとは違ったものとして家族生活を見た場合、学生たちはそこに何を見出すことになるのかを問うたのである（Garfinkel 1964=1995: 45）。

　かくして第1の実験では、学生たちは自分の家で、家族のふるまいを下宿人として記述した。そのとき、他の家族メンバーは誰であるとか（例えば父であるとか）自分とどのような関係にあるかとか、そういったことは一切顧みられず記述されたのである。この実験によって、参加した学生たちの多くは、彼らがいかにして習慣的にふるまっているのか、例えば、どのように人は食器を扱うのか、あるいはどのようにドアを聞き、他の家族成員に挨拶をするのかを、知らされることになったという（Garfinkel 1964=1995: 47）。

　そして、続く第2の実験では、学生たちに「自らが下宿人であると仮定し、しかもこの仮定を行為に表しながら家で15分から1時間過ごしてみるように命令」がくだされた。学生たちは、下宿人として、気配りをしたり、かしこまったりしなければならなくなったのである。堅苦しい言葉で話し、話しかけられたときに話すようにしたのである（Garfinkel 1964=1995: 47）。

　この第2の実験結果の多くの場合、「家族のメンバーは唖然となった」という。学生からの報告では、家族のメンバーたちは、「驚愕・困惑・ショック・不安・当惑・激怒」を表明し、実験を行った学生を「無愛想だ・分別がない・わがままだ・たちが悪い・無作法だと叱責した」（Garfinkel 1964=1995: 49）。家族のメンバーたちは、学生のふるまいが異常であることを察知し、「通常の状態に回復しようと」したわけである。学生たちが家族のメンバーを通常とは「違ったふうに扱ったために、相手の困惑や怒りを引き起こしたのである」（Garfinkel 1964=1995: 52）。以上のようにガーフィンケルは、このような実験を通じて、なかば無理やり、人々が日常的活動の基盤としている背後期待をあきらかにしたのである[1]。家族生活を支えるために、見られているが気づかない「背後期待」を学生たちはことごとく破ってみせた。ガーフィンケルを引いてモーガンは、日常生活の中で絶え間なく家族実践がなされていることを強調し、その自明性（当たり前）に着目したのだ。

　モーガンは続けて、家族実践を経験的研究として展開する必要性を説いている。日常の中で家族実践がどのように遂行されるのかをみるべきだというのである。では、その場合どんな側面に注目すべきだろうか。モーガン自身は、「時間と空間」、「身体と身体化」、「感情」の3つのテーマ

1　下宿人実験以外にもガーフィンケルは多くの実験を行った。これらは違背実験と呼ばれている。

に注目し、家族実践を特徴づける要素としてあげている（Morgan 2011=2017: 23）。

　家族が「家族する」といえるような諸々の実践から構成されており、それがどのようにそのメンバー達によって達成されているかを明らかにすることを目指すならば、この3つのテーマを分析の対象とするように提案しているのである。具体的な例としては、同じ時間、同じ場所でともに過ごすか、そうでないか、離れて暮らす家族をどのように思いやるか、家族メンバーをどのような身体的ふるまいによってケアするのか。スキンシップや暴力の問題はどのようにメンバーたちによって管理されているのか、家族メンバー間の情緒はどのように表明されるのか、などがあげられる。そしてこのような諸々の実践が今後ますます分析されるべきであることが示唆されている。

　たしかにこの3テーマは非常に重要であると筆者も考える。しかしより重要なのは、それら3テーマへの志向性を、どのように当人たちが実際のふるまいのなかで示しているかを記述することであると強調しておきたい。モーガンが主張するように、「定冠詞つきの家族」を出発点とするのではなく、家族実践に目を向けることには意義があるだろう。そしてモーガンの挙げる3つのテーマについても異論はない。

　だが注意すべきは次だ。「定冠詞つきの家族」という標準的モデルの問題点は、「定冠詞つきの家族」そのものを実体視してしまうことにあった。もしその問題点を回避することもめざすのならば、どのような実践のもとで、時間や空間を志向し、互いに身体を使用し、感情を表現したり配慮したりしているのかを示すことが、説得力のある議論を形成することになるのではないか。むしろ各テーマの探求は、参与者ら自身の実演とセットで行わなければ、放棄されるべき標準的モデルにかわって、新たなる標準的モデルが提示されるにとどまることになるだろう。

　以下では会話分析の手法を用いて、実際の社会的場面を対象に、そこでどのような家族実践が営まれているのか、どのようにそのワークを達成するのか、どのような実践を通じて家族メンバーのケアを達成しているのかを分析する。

　まずは時空間、感情、身体化をどのように管理するのかを観察する。さらに、続くデータでは、それらが家事労働という作業と同時進行しながらどのように実践の中に組み込まれているのかを分析する。

② 家族への配慮を教えること

　次のデータは、家族の他のメンバーへの配慮、あるいは家族間でどのようにふるまうべきかという道徳を教える場面を扱う。具体的には、父親が子どもを叱る「お説教」の場面である。この家族は、両親・長男・長女・次男の5人から成り、この場面では次男の母親へのふるまいが問題となる。とはいえ、未就学児のこの次男が母親にふるまった態度は他愛もないもので、出来事としての「お説教」も10分程度で収束するものである。しかしながら、その一時的な出来事の中で、父親は母親のことをどう配慮すべきなのか、教え戒めようとしているのである。

　さて、どのような場面なのか。まず、父親がリビングの小上がりに座っている。そこへ、ふろ

上がりの次男が号泣しながらリビングへ入ってくる。3人の子どもたちは、母親とお風呂に入っていたのだった。何度か「どうしたの」と聞く父親に対し、次男は泣きながら答えるが、聞き取れない。続いて長女と長男が風呂から上がってくる。なにが起きたのかわからない父親に、長女が、次男が泣いている事情を代わりに説明した。長女の説明によれば、お風呂の中で遊びながら母親は次男に「笑ってごらん」と言ったが、次男は笑わなかった。その後、次男が母親に「笑って」といったとき母親は笑ってくれなかった。それで次男が機嫌を損ねて泣いた、というものである[2]。そして泣いたまま次男は風呂から出てきたのだ。その説明を受け、01行目から父親は、次男に声をかける。

例3.1（次男3歳）
01 父親：しょう [がない [じゃん [自分が [だって やったんだもん＝
02 次男：　　　 [　 ふ　　 [　 ふ　　 [はh.h [↑ああ
03 次男：＝↑はあ あ .hh hh ↑↑あ ↑↑あ:
04 父親：おんなじこと [いわれてさ: [なんで泣いてんの
05 次男：　　　　　　 [はhは　　　 [は * あ:: .h .h
06 父親：[じゃあその時笑えばよかった [じゃん
07 次男：[* あ:: .h .h　　　　　　　　 [~* あ:: .
図3.1
08 父親：そりゃ 自業自得ってゆうもん [だ
09 次男：　　　　　　　　　　　　　 [《cough》

図3.1

10 父親：[んん じゃ [あ泣いてな [さい 自分が -
11 次男：[んh　　 [* あ↑:　 [《cough》
12 父親：自分とおなじよ:: にママ [がやっただけだもんね
13 次男：　　　　　　　　　　　 [《cough》* あ:
14 　　　(0.8)
15 父親：[↑ね
16 次男：[《cough》 ふ * あ:
17 父親：人に [そうゆう思いさせてるってことだか [ら↑ね
18 次男：　　 [《cough》　　　　　　　　　　　　[ああ: ↑:
19 父親：いいよ泣いても [いくらでも泣きなさい
20 次男：　　　　　　　 [《cough》
　　　《20秒》→図3.2
21 次男：* うあ:::[* あ::* あ::
22 父親：　　　　 [うるさい

図3.2

2　きょうだいが「かわりに」事情を説明する、という大変興味深い現象については、別稿にて分析する。

長女の説明をうけ、01、04、06、08、10、12行目で父は、次男に向けて発言している。いずれの発言も、泣き叫ぶ次男を慰め擁護するのではなく、次男に責任を帰属している（「自分がだってやったんだもん」、「そりゃ自業自得ってゆうもんだ」）。そしていずれの発言に対しても次男から発言による応答はなく、図3.1の中央に確認できるように、次男はただ泣き叫んでいるだけである[3]。

　12行目で明示されているように、この責任帰属は、家族の他のメンバー（＝ママ：母親）が持ち出され、それを擁護することによってなされている。母親が風呂の中で次男に笑ってくれなかったことは、次男自身が母親にしてあげなかったことでもある。母親が責められるのならば次男も責められることになってしまう。母親だけが悪いわけではないと、父親は次男に教戒しているのである。また17行目も、12行目までと同様、責任が帰属され、家族への配慮のあり方について教戒がなされているといえる。「人にそうゆう思いさせてる」という表現は、このような教戒において定型的に用いられる表現だろう。

　そして言うべきことを言った父親は、それでも泣き止まない次男に、「いくらでも泣きなさい」と述べる（19行目）。こうして、次男と父親の発言上のやりとりは終了したかにみえる。いくらでも泣きなさいという言い方もまた、一見、突き放したような言い方に聞こえるかもしれない。実際に、その後次男は、部屋の隅へ移動し、うずくまり、泣き続ける。では、父親は教戒を諦め、もうやりとりを打ち切ってしまったといえるだろうか。

　しかし、この父親の身体配置に注目してみると、完全にやり取りを放棄し「お説教」が終えられたというわけでもないといえる。父親が「いくらでも泣きなさい」と言い、弟がうずくまって泣き始めた後も父親は一貫して同じ場所に座っている。この位置は、次男が視野に入る位置であり、次男がうずくまって泣いているときも（図3.2右端に次男はうずくまっている）、「見やっている」ことを示せる位置である。図3.2のように、「いくらでも泣きなさい」といった際の姿勢から動かず、一貫してこの姿勢でこの位置にいる。20行目の発言のあと、しばらく次男が泣き続ける間、長男と長女が父親に話しかけてくる。このときも、父親は彼らの方を向くわけでなく、次男に体を向け続ける。体を向け続けることは、相手に「関与」（関わり）を呈示する1つの手段となる。すなわち、もし次男が父親に向けて発言するならば、いつでもその宛先として利用可能であることを、体勢によって示し続けているのである（Heath 1986: 33）。

　もちろん体勢に関する上の考察は、あくまでも可能性の1つといえるかもしれない。しかしながら、次男が「父親に気にかけられている」ことを理解していて、さらにそれを求めてもいたことを示す根拠がこのあとのやり取りに見られる。20行目以降の父と長男のやりとりの間、うずくまって泣いていた弟の泣き声が次第に大きくなる（トランスクリプトでは割愛している）。長男と父親とのやり取りが進み、父親の関与が長男に向き始めたことが音声から明らかになる時点で（長男はやりとりのなかで笑い出す）、次男の泣き声は、父親には許容できない水準へと到達する。

3　とはいえ、次男が叫ぶタイミングは、父親の発言順番が完了したとみせる場所であることが多いという点で、「泣き叫んでいる」以上に秩序だっているともいえる。

21 行目で弟の叫びが頂点に達したとき、その叫びに対し父親は、22 行目で、「うるさい」と諌めるのである。つまり次男は、父親に厳しく教戒され泣いていたとしても、父親から関与そのものを絶たれることは避けたかった。他のきょうだいが話しかけることで、そのきょうだいに父親の関与が向けられうるのである。声を張り上げることは、自分への関与を維持させることができる。このようにみたとき、「次男の声の高まり」と「長男と父親とのやり取りの進行」のタイミングの一致には、関連性を指摘することができる。父親が「気にかけていること」を次男は理解しており、次男は父親の関与のもと泣いていたかったのではないか。

　責任帰属による教戒、体の向きによる利用可能性の呈示、これらによって、「道徳」を教えること、すなわち、出来事としての「お説教」という活動が構成されている。お説教を通じて父親は、次男に、家族メンバーに対しどうふるまうべきかを教えているのである。この意味で、父親は次男に、感情管理の仕方を教えているということができる。

　22 行目のあと次男の泣き声のボリュームが下がっていく。その後約 2 分間、父親は次男に体を向けながら長男と話し続ける。長男は父親にかまってもらおうとするが、父親は体勢を維持し、動かない。長女が次男を慰め、完全に次男が落ち着いたとき、長男がカーテンの外の夕焼けを父親に見せたがる。父親は、次男の様子をじっと見ながら窓際へ向かう。そして、窓の外の夕焼けに感嘆してみせる。それにつられて長女も窓際へ行く。最後には次男も窓際へ行き、4 人で一緒に夕焼けを見てしまうのである。

　このデータでは、父親が次男に道徳的に働きかけ、「お説教」を通じて感情を管理させる様子を分析した。他の家族メンバーにどうふるまうべきかについて道徳的教戒が説かれながらも、体の向きで関与が示され、「気にかけていること」が示し続けられた。リビングという空間の中で「お説教」という出来事は一時的に構成され、そしてすぐに収束した。モーガンが言う家族実践の内実とは、このように、参与者自身が行う実践であり、その都度なされる実践が積み重なってその当の家族の歴史が作られていくのではないだろうか。

③ 気にかけながら家事を進めること

　ルーシュ・シュウォーツ・コーワンは、家事労働がテクノロジーの発展とどのように相互作用してきたかを論じた文献の中で、家事を単一の労働ではなく「労働過程」であると述べている（Cowan 1983=2010: 10）。このようにいうことでコーワンが強調するのは、家事労働のそれぞれの部分が単純で均一ではないということだ。例えば、「洗濯」を例に、コーワンは述べる。

> 洗濯には、布を洗うだけでなく、洗濯物をあちらからこちらへ運び、乾かし、アイロンをかけ、しまうといった作業があり、石けんや水を買ってきたり用意しなければならない。労働過程という概念は、家事労働（家事とは実に労働ばかりである）とは定義できる簡単な労働がつながったものではないということ、互いに必然的に結び合っている労働であることに着目する。（Cowan 1983=2010: 10）

コーワンによれば家事とは、「炊事」「洗濯」「掃除」というように、1つの労働として完結する労働ではない。それぞれの労働は、さらに細かい作業によって構成され複雑に関係しあっている。ときにはいくつかの作業が同時進行することもある。準備や片づけも含めれば、「洗濯」と一言で言ってしまっては「見落とされ」てしまう細かい作業が多くあるだろう。コーワンが労働過程ということで喚起しているのはそうした水準の過程である。

　さて、先のデータでは、お説教がどのように感情管理を教えることに資するかに焦点を絞り分析した。もちろん家族実践は、感情に関する実践に限るわけではない。モーガンによれば、家族実践は、家族のメンバーが誰であるかを当人たちが区別し、当人たちがその家族を維持するためになされる実践である。当然、家族メンバーに対するケアも含まれるわけだが、家事労働はその最たるものといえるだろう。

　家事労働は、家族の他のメンバーとの家族的実践を続ける上で重要な労働であり、コーワンのような見方をとればその労働の過程はさらに複雑で多様なものであることがわかる。次のデータでは、参与者が、その複雑なできごとを、感情にも配慮しながらいかに巧みに達成しているかを分析の対象とする。

　このデータの家族の構成は両親と姉妹である。父親と長女は外出しているため、データに登場するのは母親と次女である。概要は次のとおりである。次女が一人ピアノの自習を行っている。ピアノレッスンがひととおり終わったところで、母親が「そろそろ宿題やって」と次女に声をかける。その後次女は、リビングルームにて算数の宿題を開始する。その宿題は、母親も横に座り、一緒に教えながら進められる。その後20分が経過した所で次女はだんだんと宿題に飽き始め、二人はもめ始める。もめたきっかけは、次女が宿題をなかなかやらずぐずりだしたところで、母親が笑わせようとし、その際に次女が笑うことができなかったのでもう一度笑わせてほしい、というものである。もちろん、このきっかけ自体は他愛もないものかもしれない。しかしながら母親は、頑なに宿題をやらない次女に対処し、宿題を再開させなければならない。というのもこの宿題では、かかった時間を計り、記録することも課されているからである。一連のもめごとの中で、どのように相手の感情を察知し、開始されたもめごとにどのように対処しているのか。それはふるまいの中にどのようにあらわれているのか。この活動の詳細を記述することが、以下で取り組む課題となる。

◆④ 母の離脱

　もめ始めてから約5分後、母親はそれでも宿題をやらせようとし、淡々と問題を読み上げてきた。01行目では、次女が間違えたところを指摘している。

　例3.2　次女8歳
　01　母親：　え::だまされないで 足して↑ない

02　次女：＊う↑う　なにも書かない↑↑～ん：

03　母親：だから　こたえはなに　八十三から八十三
　　　　　　ひいたら　な↓に

04　次女：ゼロ

05　母親：はい

06　次女：だから↑ゼロって書いたんじゃん

図 3.3

07　母親：だって　ここ　なな　にしてたんじゃん

08　　　　　(1.8)《次女は首を横に振る》

09　母親：足してないのに　なな　にする必要ない
　　　　　　でしょ

10　　　　　(0.7)

11　母親：はい　じゃ　もう　ママ (0.4) 後で見る

12　次女：な::ん　もう＊ふ　や　あ：

13　母親：だあって　ママ悪くないのにかえで
　　　　　　がわる - あれじゃん

図 3.4

14　　　　　(.)

15　母親：機嫌が悪くなるんじゃん

　01 の指摘を受け、02 行目で次女は声をあげ、とうとう宿題を放棄することを宣言してしまう。そして、泣くような震えた声を発している（トランスクリプトの「～」は声の震えを示している）。03 行目で母は、放棄の宣言には反応せず、宿題の答えを尋ねている。これにより、あくまでも宿題に注意を向けさせようとする。続けて、より具体的に問題の「正しい」解き方を述べながら質問している。いうなれば、より答えやすくなるようヒントを出すように質問を組み立て直しているのだ。また、これらは声を大きくし、きっぱりと発声されることでも、02 行目に「反応しないこと」を示せている。つまり、次女が宿題を放棄しても、それには取り合わず、母親がなんとか答えさせようとしている様子がわかる。これにより、04 行目で次女は問題の「正答（ゼロ）」を答え、05 行目でその答えは承認される。

　しかしながら、その承認に対し次女は、06 行目で反抗している。この反抗は、01 行目の母の指摘に向けてなされている。自身は正しい答えを書いていたというわけである。また、この反抗は、机を何度も強くたたきながらなされている。母親は、07 行目において、次女の「間違い」を挙げることで自身の指摘の正当化を行っている。これによって次女の反抗は無化されている。事実、08 行目では、次女は首を横に振るだけであり、さらなる発言はない。そして母は、09 行目で、次女の間違いを「説明」することで、追撃している。この追撃にも、次女は応答しない（10 行目）。

　さて、母親は、その直後宿題を後で見ると述べ、立ち上がり、その場を去ろうとする（11 行目）。次女は 12 行目で泣き始め、それを拒絶する。そして図 3.4 のように母親の動線の前に立ちふさがり、母親を止めようとする。しかしながら母親は、13、15 行目で、次女の「機嫌が悪くな

る」ことを理由に挙げ、次女を避けてキッチンのほうへ移動している。

　ちなみに15行目は、13行目で「かえでがわるい」と言おうとしたところを「（かえでの）機嫌が悪くなる」と発言を修復したといえるだろう。前者が、「次女が悪い」と責任を全面的に帰属する表現であるのに対し、後者では「機嫌」というあくまでも一時的な感情が持ち出されている。責任を帰属し対立を明確化しうる前者の表現が「機嫌」へと修復されたことに、母親の表現上の配慮を見ることができるだろう。

家事と感情を管理させることの同時進行

　母親はキッチンに移動し、次女はリビングとキッチンの境界で座り込んでいる。次女はリビングの机の前にいたのだが、母の離脱の際キッチンの方へ母を追いかけてきた。しかしながら以下見るように、母親はテキパキと家事を始めてしまい、次女は近寄れずにいるのである。次女は、図3.5の左側に見えるように、キッチンとリビングの境界にいる。

例3.3　次女8歳
01　母親：ママは いっぱい やることあんのに お手伝いしてあげてんのに
02　　　　えらそうなんだもん
03　　　　(1.2)
04　次女：〜じゃあかえでやらない
05　母親：いいよ (1.2) ↑やんなきゃいいじゃんじゃあ
06　　　　(2.0)
07　母親：そのかわり自分で先生に：ごめんなさいしてね
08　　　　(3.2)
09　母親：ママの宿題じゃないんだから自分の宿題なんだから
10　　　　(4.0)
11　母親：ママは夕飯の支度とか：洗濯物入れた
　　　　　りとかかたたんだりとか
12　　　　(.)
13　母親：いっぱいやることあるのに手伝ってん
　　　　　のにそういう態度ならもう教えない
14　　　　(0.2)
15　母親：自分でやんなさい == だいたいお姉
　　　　　ちゃんは > 一年生の時自分でやって
16　　　　た <= ママそんなに (.) くっついてお
　　　　　しえてあげてなかった

図3.5

その後、01、02 行目では、母は次女の態度を「非難」している。それを受けて 04 行目で次女は、「宿題をやらない」と（再び）放棄を宣言している。これを母親は 05 行目で一見承認しているように見える。しかしながら、もちろん文言通り承認されるわけではなく、宿題を放棄した場合にどのようにその責任を果たすべきかも指示されている（07 行目）。続く 09 行目では、宿題は次女に属する責務であることが示される。次女の責務であることは、母親自身の責務が示されることでさらに強調される（11 行目）。

　次女の機嫌あるいは「態度」に向けられる非難は続く。母親は、自身にも果たすべき責務があるにもかかわらず、次女のことを手伝っていた。しかし次女は宿題をやらず、放棄しようとしている。これによって、母親の非難は整合性のあるものとして伝えられている（13 行目）。さらに、15、16 行目では、「姉」が引き合いに出されている。姉は現在の妹と同じ学年だったとき、自分で宿題をやっていた、このことが語られることで、母親はさらに宿題の責任を次女に帰属している。これらの一連の非難と責任帰属に対し次女は、一貫して応答せず、図 3.5 左端の丸で囲んだ部分のように手をついてじっとうずくまり、下を向いている。

　ただしこれらの一連の発言は、次女に宿題を再開させることが全体の目的であることに注意したい。つまり、先の例 3.1 のように「いくらでも」泣かせることが母親の目的ではないのである。例 3.1 では、父親は体を向け続け、お説教をし、次男はひたすらに泣き続けた。このデータでは、母親は例えば、図 3.5 のように、米櫃から炊飯器の内ガマに米を入れている。この効果はなんであろうか。

　第 1 に、このように作業と同時進行しながら非難が発せられることで、次女に非難が向けられているという事実を緩和できているといえるだろう。母親は、言葉では厳しく非難する一方で、データで見る限り、次女に背を向けたり米櫃を見たりと、目が合わないようにしている。母親の非難は「面と向かって」なされているわけではないといえるのだ。第 2 に母親は、自分の責務（夕飯の支度、洗濯物の取り込み）を述べながら、実際に次女の目の前でそれを実演しているのである。そのことは子どもから見てもわかるだろう。つまり、自分は自分の責務を果たしていることを次女に呈示しているのである。面と向かって叱ることで感情を刺激し、泣き続けさせるのではなく、気持ちを落ち着かせ、やるべきことをやらせる。そのために、身体的に近接し、顔を向けて叱り続けるのではなく、あえて距離をとり、作業をしながら言葉をかけているのだ。その後も母親は着々と家事をこなしていく。

⑥ 一瞥を向けること

　例 3.3 から 3 分ほどたったところである。母親はこの間、浄水器に水を注ぎ、今度は食器を拭きながら、ときおり次女に声をかけている。次女はもはやうつぶせに寝ながらぐずっており、「ママが手伝ってくれないから出来ない」と繰り返してきた。

　例 3.4　次女 8 歳

01　母親：↑かえでちゃんみんなそれぞれやることいっぱいあるの
02　　　　(0.8)
03　母親：自分のことは自分でやっ↑て
04　　　　(5.4)
05　母親：ママだってそんな↑毎日毎日 つきあってあげられないよ
06　　　　(5.2)
07　母親：ほら (.) 時間は↑過ぎていくよ
　　　　　どんどんと 早くやって早く終
　　　　　わらした方
08　　　　がら↑く じゃん [そ↑れ] だ
　　　　　　　　　　　　　 [図 3.6
　　　　　けで↑しょ あと 宿題
09　　　　(0.2)
10　次女：うん
11　母親：じゃがんばっ↑て

図 3.6

　例 3.3 に引き続き、母親は次女の責務を述べながら、なんとか宿題をさせようとしている。01、03、05 行目は例 3.3 と同様、「みんな」それぞれに責務があることを述べることで、宿題を担う責務が次女自身にあることを示しているといえよう。注目したいのは、01 行目の「みんな」である。この語は、ひとそれぞれに担わなければならない責務があると、責務を一般化を可能にしているといえるだろう。責務があるのは次女だけではないのである。そしてまたこの一般化によって、母親個人の感情で宿題の責務を次女に担わせているのではないことも示すことができる。母親も含め、「みんな」が責務を果たそうと活動しなければならならず、次女もまた、宿題に取り組むことを受け入れなければならないなのである。

　この宿題は、かかった時間を計らなければならない。07 行目では母親は、手元のスマートフォンを見ながら、時間の経過を伝えている。実際に、発言によっても、時間が気にかけられていることは示されている。そして、残りの宿題がわずかであることを指摘し、「早く終わらした方がらくじゃん」と確認を求めることで宿題をやるようにさらに促している。

　ここでは、キッチンという空間を利用し、身体を巧みに配置することで次女の様子が確認されている。例 3.3 では、母親はあえて次女の方に目を向けなかったのだが、母親は、食器を拭きながら次女を何度か一瞥している。次女はうつ伏せに寝ている。そして、泣き声もしだいにおさまってきた。図 3.6 の左端に次女はいるが、その様子を母親は見ている。この部屋の構造は対面キッチンであり、作業をしながら母親は次女を視野に入れることができる。この構造を利用しながら、母親は次女の行動を確認し、同時に手早く作業を進めることができている。これにより、じっと視線を向けることはせずに、次女の動向をうかがうことができているのである。

　次女は少しずつ落ち着き、10 行目で次女は、07、08 行目の促しに対しようやく「うん」と答え

ている。母親は「じゃがんばっ↑て」と応援している。しかしそれでも、次女はなかなか動き出さない。

 **条件呈示**

以下は例3.4の続きである。次女はまだ宿題に着手していない。母親は、前データと同様、自身の責務と次女の責務を理由に、次女を宿題へと促している（01行目）。

例3.5　次女8歳
01　母親：ママはママの仕事を頑張るからかえではかえでの仕事をがんばって
02　　　　(16.2)
03　母親：いたあ：《食器が刺さった》
04　　　　(20.2)
05　母親：〈やるのかやらないのか〉はっきりしなさ：↑い
06　　　　(15.2) 図3.7
07　母親：早く終わらして明日のお洋服も選ばないと まだえ↑らんでないよ
08　次女：うん
09　母親：明日の気温何度だろうね
10　　　　(3.2)
11　母親：早くしないとママが勝手に選んじゃうよ：
12　次女：＊う↑↑↑あ⠸⠸⠸
13　母親：はい じゃやって あ あした曇りだ
14　　　　(4.2)

図3.7

　その後母親は無言で食器を拭き、片づけている（03行目では食器が指に刺さって痛みの叫びをあげている）。05行目で母親は、次女に「やるのかやらないのか」を決めるよう指示している。この指示は二者択一のデザインになっているが、もちろん、「やらない」という選択肢が選ばれるべきではない。
　ここで次女が寝返りをうつ。図3.7のように、母親はその動きを一瞥している。例3.4にて述べたように、母親は、「非難」や「責任帰属」などでなされてきた「宿題への促し」を経て、次女が宿題に取り組むかどうかを逐一確認しているのだ。泣き叫ぶ次女の情緒を落ち着かせて宿題をやるように次女を仕向ける作業は、細やかな目配りをともなって逐次調整されていく。
　07行目では、今度は「明日の洋服を選ぶ」という活動について発言を始めている。「早く終わらせて」という表現に注目しよう。ここで服を選ぶことは、宿題の「後に」なされうる活動として提示している。これに対して次女は「うん」と答え（08行目）、その後母親は「明日の気温何度だろうね」と声に出して翌日の気温をスマートフォンで調べ始める。声に出して調べることで、

母親は次女に、洋服を選ぶための準備を始めていることを提示できる。「明日の洋服を選ぶ」ためには宿題を早く「終わら」せなければならないのだ。それは次女の意思にかかっている。しかしながら、それでも次女は宿題にとりかからない。

3.2秒の沈黙の後、母親は「早くしないとママが勝手に選んじゃうよ:」と警告する（11行目）。この警告に対し次女は、12行目で全力で叫び、抵抗を示している。母親はその抵抗を「母親が服を勝手に選ぶ」ことへの次女の抵抗と受け止め、それがいやならば宿題をするよう再び促している（「はい じゃやって」）。宿題をやることは、その後に明日の洋服を選ぶための条件として提示されたのである。これにより母親は、服を選ぶことを目的とし、条件と手段を設定することに成功したのである。

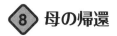 **母の帰還**

例3.6　次女8歳
01　　　　　(4.2)
02 母親：°じゅう:はち:° 今日と同じくら[い
03 次女：　　　　　　　　　　　　　　　[う*↑↑え……
　　　《約1分》
04 母親：い↑ち枚終わったら教えてね
05　　　《次女は宿題に取り組み、母親はそれを確認する》図3.8

図3.8

06　　　《母はリビングに移動し、次女の横に座る》図3.9

図3.9

その後母親は、声に出して「気温を調べ」ながら、次女ではなくスマートフォンに顔を向け、スマートフォンに注意が向けられていることを提示する。これが強調しているのは、次女と話すべきことは話し終え、母親は宿題の後の次女の洋服選びの準備に取り掛かっていることである。すなわち、次女はもはや洋服選びをするためには宿題を済ませるよりないのである。

　03行目で次女は叫び声をあげ、その後とうとう机の方へ移動する。次女は机に向かい、母親はその間浄水器の水を注ぎつつ米をといでいる。そして、1分ほど経過した所で、母親は時間を計るために、進捗を報告するよう要求している（04行目）。この要求に、次女がとうとう宿題に取り掛かったのだと母親が前提していることがみられるだろう。そしてこの要求には返事はなく、次女は黙々と宿題に取り組んでいる。その後図3.8の右側のように、母親は米とぎを終え、手を拭きながら次女に目を向け、宿題をやっていることを確認する。確認の後、母親は次女のもとへ向かい、再び宿題を手伝う（図3.9）。

　様々な発言によって、母親は次女を宿題に向かわせるように促してきた。そしてそれは、同時に様々な家事をやりながらなされてきた。つきっきりで宿題の問題を手伝っていたときには、次女は宿題をやらず、ときには母親に甘えたり、ささいなことで機嫌を損ねたりしていた。そこで母親は一時的に次女のもとを離れ、宿題をするまで家事を行った。

　母親が一時的に身体的距離をとり、家事を進めたことにはいくつかの「効果」が見出せるだろう。

　第1に、次女が自身で感情を管理することを可能にしたといえるだろう。横に座っていた際には、母親は次女の発露する感情を直接取り扱わねばならず、落ち着けるのは困難だった。一時的に身体的距離を取り、キッチンの向こう側から声をかけることで、むしろ次女との対峙を間接化し、宿題への取り組みを次女自身に委ねることを可能にしたのである。

　第2に、宿題を手伝う余裕のなさを実演したといえるだろう。言い換えれば、自身がやるべき責務としての家事を（手際よく）実演して見せたのだ。これにより次女が責務を果たしていないことを示せているのである。母親自身が言っているように、この母親は様々な家事を家族の生活時間に合わせて行わなければならない。活動を時間に合わせて調整し管理する必要があるのである。これを実際にやってみせることで、宿題を行わなければならないのは誰なのかを明確化しているのである。同時に、手伝わないことを明言することなく手伝う余裕がないことを示すことができる。

　第3に、母親がどんな家事労働をやっていたかにも注目しておくべきだろう。米びつから米を取る、浄水器に水を入れる、茶碗ふき、米とぎなどがこのもめごとの間になされた。どれも、作業としてはこまごまとしたもので、例えば「揚げ物」のように、始まってしまったらなかなかやめられない作業ではない。つまり、タイミングを計ることができる作業なのである。もちろん、夕飯の支度などのために必要な作業であることは間違いないだろう。しかしながら、宿題をみてあげること、次女の感情を落ち着かせること、これらと同時進行可能な作業が選ばれ、こなされているのである。

⑨ 結論

　本章では、感情の分析を通じて、家族実践の一端を解明した。例 3.1 では、家族メンバー間での倫理にもとづき子どもへのお説教がなされた。このとき重要だったのは、発言だけではなく、身体的配置を使用しながらお説教が行われていたことである。そして例 3.2 から 3.6 の長いデータでは、子どもに宿題をやらせるという課題の達成のために、感情を管理させることと家事の進行が同時に遂行され、相互に影響を与え合いながら達成されていた。いずれのデータにおいても、身体的行為によって感情への配慮が成し遂げられていた。

　以上のように、親たちは子どもの感情に配慮しながら、子どもにお説教したり、家事を実演したりしていた。家族実践は、日常茶飯事のなかで、家族メンバー間で相互行為的に交わされ積み重なるものであるといえよう。

［参考文献］

Garfinkel, Harold, 1964, "Studies of the Routine Grounds of Everyday Activities", *Social Problems*, 11(3), 225-250. (＝北澤裕・西阪仰訳　1995「日常活動の基盤──当り前を見る」『日常性の解剖学──知と会話』マルジュ社)

Heath, Christian, 1986, *Body Movement and Speech in Medical Interaction*, Cambridge University Press, Cambridge.

Morgan, David H.J., 2011, *Rethinking Family Practice*. Palgrave Macmillan. (＝野々山久也・片岡佳美訳　2017『家族実践の社会学──標準モデルの幻想から日常生活の現実へ』北大路書房)

Ruth Schwartz Cowan, 1983, *More Work for Mother: The Ironies of Household Technology from the Open Hearth to the Microwave*, Basic Books, New York. (＝高橋雄造訳　2010『お母さんは忙しくなるばかり』法政大学出版局)

第4章
家庭内における遊びと感情の表出

遊びの展開と対立のマネジメント

遠藤智子

はじめに

　子どもにとって家庭は遊び場の一つである。特にまだ小さい子どもの場合、遊ぶことは彼ら・彼女らにとっての仕事だといえよう。ご飯を食べたり、お風呂に入ったりという活動のほか、起きている間は何らかの遊びをしている。就学した子どもであっても、家の中で遊ぶ時間はあるだろう。複数の子どもがいる家庭であれば、多少の年齢差があったとしても、子どもたちで遊ぶということは珍しくない。家庭における親やきょうだいとの遊びは、子どもが言葉だけでなく、社会でどうふるまうべきかを身につける基礎となる場である（伊藤2018参照）。

　遊びとは楽しむためのものであり、笑いと結びついた、ポジティブな感情を連想することが一般的ではないだろうか。だが、実際に遊んでいる子どもたちは、必ずしも常に楽しみ、笑っているわけではない。泣いたり怒ったりすることも子どもたちの遊びにおいてつきものである。そしてそのような感情の爆発は、傍にいる大人には急に起きたように感じられる。しかし、やりとりの詳細を観察してみると、感情の爆発の前には段階があり、やりとりの展開につれて感情が高まっていくのがわかる。本章では、子どもたちが遊びの中で強い感情を表出する際に何が起きているのかを事例にもとづいて分析する。

　そもそも遊びが遊びとして成立するためには、まず、その活動が遊びであるという理解が必要である。このことはまずグレゴリー・ベイトソン、そしてアーヴィング・ゴフマン等により、遊びの「フレーム」として議論されているが（中河2015参照）、家族という親密で毎日顔を合わせる関係においても、今、自分たちが何をしているところであるのかは常に自明なものではない。この場で行われていることが、遊びであり、ともに楽しむべき活動であるということは、何らかの形で表出され、理解されることではじめて、家族は遊ぶことができるのである。

　本章は、家庭における子どもたちの遊びの活動と感情の表出を関連づけて考えてみたい。第2節では遊びの開始部分、第3節では遊びの創造と感情表出について考える。また、ある程度子どもが大きくなってからは、ルールに従って遊びに参加することが感情のコントロールに関わる場合がある。第4節ではそのような場合を検討する。

遊びの開始と環境の準備

　本節では遊びの開始部分に着目する。本節で検討する断片は、次男がリビングの床にブロック（椅子）を並べ、その上に物を起き、お祭りの出店ごっこをする場面からのものである。この遊びをするためには、ブロックが並べられ、物が配置されることが遊びの開始条件となる。例4.1に示

すように、遊びを始める前に次男は父親にお店屋さんごっこについて言及する。ダイニングテーブルでノートパソコンに向かって作業をしている父親は、「お店屋さんごっこ::?」と聞き返すことで反応はするものの、基本的には自分の仕事に注意が向いている（図 4.1）。

例 4.1（長男・長女 7 歳、次男 4 歳）
1　次男：お店屋さんごっこしたの . お店やさんごっこ .
2　父親：お店屋さんごっこ::?《コンピュータの画面に目を落としたまま》
3　　　　(1.0)
4　次男：だから::, お店やさんごっこの::,
5　　　　あの帽子とかかぶっていい？

図 4.1

1 行目の次男の発話は、他のところでお店屋さんごっこをしたという報告のようである。この後に次男がブロックを並べてお店屋さんごっこを始めることから遡及的に見直してみると、ここで次男はお店屋さんごっこを開始する意思があるということを暗に示しているようにも思えるのだが、ブロックの準備ができていない状態ではそのごっこ遊びはまだ影も形もなく、視覚的には何も存在していない。目の前のコンピュータで仕事をしている父親の注意を引くものがないため、この時点で次男の遊びの開始に対して反応が薄いのも仕方がないことだろう。

この後、次男は一人でブロックを出し、徐々に囲いを完成させる。数分後、ブロックによる囲いが半分ほどできた頃に、長男が小上がりからリビングのブロックに駆け寄り、囲いの内側にするりと入りこむと、長男は手を叩きながら「いらっしゃいませー」と、お店屋さんのセリフを言う（図 4.2）。これに対し、次男は強い抵抗を示す。

例 4.2
1　長男：*¥ いらっしゃいませ [:::¥* huhuhu
　　　　 《手を叩く》---------------
2　次男：　　　　　　　　　 [ねー:: ちがう！
3　　　　(1.0)《長男、小上がりに移動》
4　次男：まだお店（　　　　）の .
5　　　　《ブロックを移動させる》

図 4.2

ここで次男が「ねーちがう！」と声を荒げていることに注目しよう。長男がお店屋さんの真似を始めると、その発話を遮るように次男はまず「ねー」と不満を表出し、「ちがう！」と言う。この発話は大きな声量で産出されており、また身体的にも、長男の行動に対して明確に抵抗を示している。対照的に、1 行目の長男のお店屋さんの真似は笑いのトーンをともなっており、また次男が抵抗するとすぐにその場を離れたことからも、長男は次男に対するからかいとしてこの行動

をしていることが感じられる。

　長男の行動がからかいとなるのは、次男がお店屋さんごっこをしようとしているのに、その行動を次男よりも先に長男がやってしまうところにポイントがあるといえよう。3行目の「ねー::ちがう！」という不満表明も、この発話だけ聞くと、自分がやろうとしていたことを先にされたことへの不満とみなすことができそうである。しかし、次男の次の発話に注目すると、次男が違う側面に志向していることがわかる。6行目で次男は「まだお店（　　　　　）よ」と言う。残念ながらこの発話の詳細は聞き取れないのだが、発話が「まだお店」で始まっていることを考えると、お店屋さんごっこの準備がまだ完成していないことを抵抗の理由としていると見てよいだろう。長男に対して声を荒げたのは、自分の役を取られたからではなく、まだ遊びを開始してよいフェーズにまで達していないのに勝手に遊びを始められたからなのである。次男が始めようとしているお店屋さんごっこはブロックの配置という物理的な環境に依存するものであり、その状態は誰にとっても視覚的に認識可能なものである。明らかにまだ準備ができていない状態であるのにもかかわらず遊びを開始しようとしたことに対し、次男は強い抵抗を示したと考えることができる。この遊びを開始するためには、環境が整っていることが不可欠なのである。

　準備が整うと、次男は父親を遊びに誘う。母親や長男も加わり、次男が配置したブロックを店に見立てながら、お店屋さんごっこが始まるのだが、その開始はよく見てみると段階を踏んだものである。

例4.3
1　　　　　《次男、帽子をかぶる》
2　　次男：パパ::? (1.0) パパ::. (0.5) もう始まったけど. 開いたけど.
3　　　　　開いた [けど.
4　　母親：　　　　[開いたん [だって
5　　父親：　　　　　　　　　　[開いたの？
6　　　　　(2.0)
7　　次男：あのさあ (3.0)* こっちは (1.0) あのさあ
　　　　　　　　　　　*《クッションの上を指差す》
8　　　　　(1.0)
9　　父親：うん？
10　　次男：こっちは ::,
11　　父親：うん
12　　次男：ママ - (.) の, (2.0) あれ - (2.0) (　　) だけど
13　　父親：うん.
14　　次男：あの買ってきて（　）
15　　　　　(1.0)
16　　父親：いいよ ::. いいよ ::.

17		(1.0)
18	次男：	やっぱり被んない（ようにする）《帽子を落とす》
19		(1.5)
20	次男：	パパもうお店開いたよ::？〈図4.3〉
21	父親：	本当::？
22	次男：	うん．
23	長男：	じゃあ [お店に行こうかなあ::?
24	父親：	[じゃ::あ::《ブロックに体を向ける》〈図4.4〉

図4.3

図4.4

お店屋さんごっこは相手がいないと成立しない。誰も客がこない閑古鳥のなく店で店番をするごっこ遊びは楽しくないだろう。客の役をする参加者が、客として店に現れないと、お店屋さんの役をする側もその役割を演じられないのである。店に見立てたブロックの配置が済み、帽子も被ることで、次男にとってはお店屋さんごっこの準備が整い、遊びが「始まった」こと、すなわち店を「開いた」ことが2行目で宣言される。ただしここでは、「もう始まったけど」「お店開いたけど」と、「けど」で終わる形であり、注意喚起とでも呼べるような、やや控え目な言い方である。視線も母親に向けられており、父親が反応するよりも先に母親が「開いたんだって」と父親に注意を促している（4行目）。

　この宣言の前には父親への呼びかけがあり、明らかに父親に対して遊びへの誘いが行われている。しかし、父親は言葉では「開いたの？」と反応したり、「うん？」「いいよ」と反応するものの、体の向きはコンピュータに向いたままである。しばらくやりとりが続いたあと、次男は20行目で「パパもうお店開いたよ」と、遊びの準備が整ったことを再度宣言する。このときの言い方は2行目と比べ、「もうお店開いた」がやや大きい音量で産出されていること、発話末が「よ」で終わっていること、父親のほうをはっきり向いていることから、より強い働きかけをしているといえる。（なお、このように働きかけを複数回する際に形式が比較的弱いものから強いものへと変わることは、養育者から子どもへの行為指示にも観察されている。詳しくは遠藤・高田（2016）参照。）この働きかけに対し、離れた場所にいた長男も遊びへの参加を表明して「お店」のブロックに近づき、父親も体の向きを変えて、お店屋さんごっこが開始された。

　本節の分析から明らかになったことは以下である。まず、ある種の遊びにとっては、物理的な環境の準備が整うことが遊びの開始の必要条件である。準備が整う前に介入されることは拒絶反応につながりうる。また、遊びに使う環境だけでなく、遊びの参加者の身体の位置も遊びの開始に関わる。言葉で反応するだけで、身体が遊びの場に向いていなければ、参与者はまだ遊びに参加していない。移動をしたり、向きを変える等して、身体の全体が遊びの場に置かれるように

なってはじめて、遊びへの参加が始まるのである。さらに、例4.3においては直接働きかけられていた父親だけでなく、母親や長男も遊びの開始に寄与していることが観察された。同じ場を共有してなされるやりとりは他の家族にも開かれており、遊びの進行に影響をもたらし得るものであることがわかる。このことは、次節で検討する例にも観察される。

　本節で見たお店屋さんごっこは、その場で即興的に行われたものであるとは言え、おままごとと同様に、何らかのフリをして遊ぶというパターンに沿ったものであり、また「お店屋さんごっこ」という名前のついた遊びである。しかし、子どもの遊びはいつも名前がついた、何をすることが期待されているのかが事前に決まっているものばかりではない。次節では、何が面白いのか、何をして楽しむ遊びなのかということ自体が遊びの中で決まっていくケースを見てみよう。

② 創造し共有される遊びと対立の回避

　この節で扱う事例は、前節で見た場面とほぼ同時期に撮影されたデータに収められていた、子どもたちがブロックを積んで倒す遊びをしている場面である。お店屋さんごっこでは床に一つずつ水平方向に並べていたブロックを、この日は垂直方向に積み上げ、崩して楽しむという遊びがされていた。その遊びの中には、楽しいことを発見して共有するプロセスや、楽しみの感情の高まりだけでなく、怒りが爆発する様子も観察された。本節ではそれらがどのようになされているのかを詳しく分析する。全体として8分程度の場面であるが、議論に関係のある場面のみ断片として切り出して分析する。

図 4.5

　最初は子どもたちがそれぞれ一つのブロックに腹ばいになって転がり遊んでいたのだが、長男がブロックを二つ積んでその上に乗って倒れるという遊びを思いつき、その遊びが他の子どもにも共有される。

図 4.6

例4.4

1　長男：あ , いいこと思いついた .
2　　　　(3.1)《ブロックを積む》
3　長男：せーの , 　*(.)　#ティーン . (1.0)
　　　　　　　　*《視線を周囲に向ける》〈図 4.5〉
　　　　　　　　#《ブロックごと倒れる》〈図 4.6〉
4　　　　hu hu [hu
5　長女：　　　 [わー , すごーい!

長男は遊びを思いついた際、そのことを聞こえるような音量で口にし、「せーの」と掛け声をかけてから「ティーン」と言いつつ倒れ始めるまでの間に周囲に視線を向けている。このことは、長男はこの遊びを自分だけのものではなく、周りの家族に見られるものとして行っていることを示している。そして実際に、倒れた直後に長女から「すごーい」というポジティブな評価を受けている。このようにして長男が思いついた遊びは他の家族にも共有される。

　その後、下の断片に示すように、長男は次男に向けてアピールをするのだが、長女が「次わたし！」と自分も参加することを宣言する。

例 4.5

1　長男：二段重ねやるからね,(　) 見てて？
2　　　　(1.8)《次男が壁際に移動する》
3　長男：ケンタ, 見ててよすごいから.
4　　　　(0.9)
5　長男：ちゅー《倒れてみせる》
6　　　　(3.8)
7　長女：huh huh huh huh 次わたし！

　その後しばらく子どもたちはブロックを 2 つ積んではその上に倒れるという遊びを楽しむのだが、少しずつ、ささいなことで諍いが発生する。まずは下の場面を見てみよう。次男がブロックできょうだいを叩き始めると、長女はそれに大きく反発する。

例 4.6

1　　長女：《ブロックを積み、倒れる》
2　　　　　キャー (2.0)
3　　長男：hu hu hu (.) hu hu hu
4　　長女：楽しい
5　　長男：うーあー《ブロックを積み、倒れる》
6　　　　　(1.8)
7　　長男：ふはははははは
8　　次男：《小さいブロックで長女を叩く》
9　　長女：ねえや :: め :: て.
10　　　　　(.)《次男が長女をブロックで叩こうとする》
11　　長女：ねえや :: め [:: て！
12　　長男：　　　　　[タツヤ (.) 足のところにやってみなタツヤの足のところ.

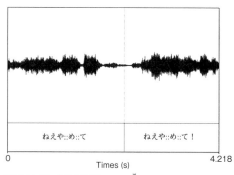

図 4.7「ねえやめて」

次男にとって、ブロックで長女を叩くのは遊びの一種だった可能性がある。ブロックはクッションでやわらかく、それで叩いたとしてもたいした衝撃ではないからである。しかし、それは遊びとして認められず、長女は制止しようとする。長女は9行目で一度普通の音量で「ねえや::め::て」と言うのだが、再度次男が同じように長女をブロックで叩こうとしたため、長女は11行目で声を荒げ（図4.7参照）、同じ制止の言葉を繰り返す。

　この時点で長女は次男に対し明確に不満を表し、感情的な態度を顕にしている。ここでその直後に長女と次男の間の対立が深刻なものにならなかったのは、長男の介入によるところが大きい。すなわち、12行目で長男が次男に対し、ブロックを自分の足の上に置くように促す。この後、次男がブロックを長男の脚の上に置くと、長男は脚を素早く動かすことによりテコの原理のようにしてブロックを跳ね飛ばす。これが新しい遊びにつながり、次男は長女をブロックで叩くことはしなくなったことで、長女から次男への不満も解消される。

　ブロックを重ねて倒れる遊びを続けている中で、小さな対立が長男と長女の間にも発生する。複数のブロックを倒す遊びは、縦に積んでいる時点では幅をとらないが、倒した後はブロックの数だけ床を埋めることになる。このため、ブロックを倒した後に動かないでいると、リビングの床を占領することになり、他の者が次に遊ぶ妨害となり得る。下の断片ではまさにそのような事態が起きており、長男が長女にどくように言う（4行目）。しかし長女はなかなか動かず、6行目、8行目と、長男が長女に対して働きかける。

例4.7

1		《長女が2つ重ねたブロックに乗りながら倒れる》
2	長女：	あはははははは
3		(1.0)
4	長男：	どいてミエ.
5		(1.0)
6	長男：	どいて？
7		(0.5)《長女はブロックの上に寝そべったまま動かない》
8	長男：	ミ:::エ！
9	長女：	ん-[ちょっとぬけない, ぬけない！うわー :::::
10	長男：	[ぐはははははは　　　　　〈図4.8〉
		《長女のすぐ横でブロック1つに乗り、揺れる》
11	長女：	あー (1.0) ぬけな:::い
12	長男：	ふははははは
13	長女：	ぬけ-ぬけない
14	長男：	(なにやってんだよ) ふはは
15	長女：	ぬけない

図4.8

| 16 | 長男： | ねーミエ！ |
| 17 | 長女： | はい《小上がりへと駆け出していく》 |

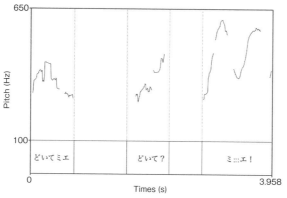

図4.9「どいてミエ」

　4行目では比較的穏やかに「どいてリエ」と言っていたのが、6行目では上昇イントネーション、8行目では強い音量と口調をともなって産出されており、相手への働きかけの度合いがどんどん増している。図4.9はピッチの変化を示す。

　例4.6でも見たように、感情をともなって行われる制止や指示は、一度目より二度目の方が強い形で産出される。感情が強くなっていくのは、相手の反応（のなさ）によるところが大きいのだろう。感情は単なる内面の吐露ではなく、相手とのやりとりの中で増幅していくものなのである。

　このようにささいな諍いがいくつか起きてはいるものの、全体としては楽しげにブロックを積んで倒す遊びが進行していくのだが、遊びは徐々にエスカレートしていき、ついには破滅的な結末を迎えることになる。最初は二つだけ積んでいたブロックだったが、次第に積む数が増えていき、長男と次男がすべてのブロックを二つの列に積み上げ、ブロックは二人の身長よりも高くなる（図4.10）。なお、この場面は夕食後の時間で、ダイニングテーブルにはまだ食べ物もあったため、高く積み始めた頃に母親が制止の声をかけているが、長男と次男はそれを無視している（長女は「あぶない」と言い、注意する側に回っている）。下の断片の開始部では、長男が自分の積んだブロックの真ん中あたりを摑んで揺らし、全体をぐらぐらとさせる。

　例4.8

1	長男：	ぐはははは [はははは　ははははは
2	次男：	[はははは　　　《ブロックが崩れる》
3	長女 (?)：	キャー《ブロックを押す》
		《長男が倒れ込み、次男と長男がブロックの下に埋まる》〈図4.11〉
4	父親：	こらー！
5	長男：	hu hu hu ha [HA HA HA

6	母親：	[あーあーあーあー
7	次男：	[はははははははは
		《長女、崩れたブロックを取り去る》
8	長男：	[はははははははははは .hh
9	次男 (?)：	[ははははは
10		N HUH [huhuhu (.) huhuhu
11	長男：	[.hh ¥な：ん：だ：こ：れ¥
12		.hh ちょっと ::::《長女がブロックを長男の上に転
		がす》
13		[うわー (.) ↑うわー (.) うー HUH HUH HUH
14	長女 (?)：	[huh huh huh (.)　huh huh huh
15	長男：	[ね :: え ,(.) ね :: え！
16	次男：	[ぎゃはははははは .hh
17	長男：	ねー ::::::: ！
18	次男：	huh huh huh hhhh [HA HA HA HA HA HA
		《起き上がる》
19	長男：	[ね :: え , ね :: え！
		《ブロックの隙間から片足
		をばたばたさせる》
20		ね :: え , ミ :: エ！《泣き声のような声色》
21		(0.3)
22	長男：	ミ ::[: エ！
23	次男：	[ぎゃははは .hh　あー 《ブロックの上から長男を圧迫する》
24		(1.0)
25	次男：	.hh[huh ぐふ [ふははは
26	長男：	[ねえ《起き上がる》
27	長女：	[なに？ミエはやってない！
28	長男：	やった！《長女、小上がりに逃げる》
29	長女：	やってない！
30		(1.0)《長男が長女を追いかけて小上がりに駆け上がる》
31	長男：	[ミ :: エ
32	長女：	[ねー ::: やってない！＝
33	長男：	＝やった！
34	母親：	[じぶんでなったんじゃない？
35	父親：	[自分でやったんじゃない何いってんの？

図4.10

図4.11

高く積み上がったブロックを長男が揺らし、わざと崩れさせる。崩れたブロックの中に長男は倒れ込み、父親の叱る声（4行目）や、母親の「あーあーあーあーあ」という咎めるような声（6行目）とは反対に、楽しそうに笑う。長男はしばらく笑い続け（8、11行目）、崩れたブロックに埋もれるということそのものをまた新しい遊びとして楽しんでいるように見える。

　しかし、笑い声や笑いを含んだ発話から、しだいに長男は助けを求めるような声に変わっていく（15、17行目）。19行目から何度も「ねえ」という呼びかけの言葉を発し、20行目では「ミエ！」と長女を名指しで呼ぶ。長女は早い段階（7行目の、まだ長男は笑っている段階）から崩れたブロックを取り去って長男が起き上がりやすいようにしているのだが、そのことは長男には見えていない。

　26行目で長男が「ねえ」と言って起き上がるとき、その口調はそれまでと比べて静かで、怒りを滲ませているようである。実際にブロックを押し付けていた（が長男には気づかれていない）次男が笑う一方、長女はその不穏な空気を察したのか、即座に「なに？ ミエはやってない」と自分には非がないことを主張する。すぐに長男はそれを否定し、「やった！」と言うと、長女は小上がりへと逃げ出しながら「やってない！」と再度主張する。長男はそれを追いかけ、また長女と長男の間で「やってない」「やった」という真っ向から対立する主張を繰り返す。そこに両親が介入し、ブロックに埋もれていたのは長男が自分の意思でしていたことであり、長男の怒りを正当なものではないとして棄却する。

　この一連のやりとりの中で注目したいのは、遊びの創造と伝播という楽しい側面と、諍いの発生と回避と衝突、解決のプロセスである。まず、この節の初めで見たように、ブロックを積んで倒すという遊びは子どものうちの一人によって考案された。その遊びは、そもそも周囲の人間に見られるようにして実行され（長男が周りを見ながら行動していること、および、「楽しい」とわざわざ口にしていることに表れている）、他の子どももそれに参加することが強く志向されていたと言えよう。例4.5の7行目に見られるように、参加する側も、「次わたし！」という宣言がある。何をしたら楽しいのか、誰がその楽しさを共有しているのかは言語化されており、この場で遊びを楽しむことは、個々の内面に閉じたものではなく、その場にいる他の家族と共有された形で実行されているのである。

　諍いの発生において繰り返し見られるのは、諍いの段階的な発展である。不満を表明する際には、不満は最初から最大のボリュームで表明されるのではない。まずは比較的穏やかに表明され、徐々に声のトーンが大きくなっていくのである。その段階の間には、もちろん、不満を表明された側の反応がある。例4.6と4.7で見たように、不満を表明されたのにもかかわらず、それに対応しないということが起きると、不満はさらに大きくなる。不満という感情の表明も、単なる発信者側の内面の発露ではなく、相手との相互行為のうえで成立するものであることがわかる。

　最終的な爆発の前にも子どもたちの間の諍いは複数回観察されたが、両親による介入が起きたのは最後だけである。では、それまでの衝突はどのようにして収束したのか。例えば例4.6では長男が、次男に別の遊びを提案することで、その直前で長女が次男に対して表明した否定的な感情がそれ以上発展しない。例4.7の17行目では、長女がその場を離れて小上がりに移動している。

このように、別のことを始めたり、その場所を離れたりすることで、諍いはそれ以上追求されず、忘れ去られる。家庭内で起きる対立はそのすべてが明示的に解決されるのではなく、やりとりの流れの中で消滅することも多くある。

③ 利用される遊びのルール

　子どもが大きくなると、複雑なルールのあるゲームに参加することができるようになる。ルールを守ることはゲームの進行にとって不可避なものである一方、ルールの不正確な理解はゲームの参加者の間で解決されるべき問題となる。また、ルールにしたがってゲームを進めることは、それまで行っていた他の活動を中止させ、ゲームの活動へと移行することにもつながる。

　本節で検討する例では、2節と3節で検討したデータが撮影された時期から2年9ヶ月が過ぎ、長男と長女は10歳、次男は7歳になっている。この日、三人は小上がりの上で人生ゲームをしている。次男もゲームに参加しているが、長男・長女に比べてルールの理解に問題があるようである。下の断片では、次男の順番がまだ続いているのか、もう一度コマを動かせるのかについて、長女・長男と次男で理解が異なっている。三人のやりとりから察するに、次男がたどりついたコマでは一回目は五千円、二回目は三千円のおこづかいがもらえ、さらにもう一度ルーレットを回してコマを動かすことができるようである。

例4.9（長男・長女10歳、次男7歳）
01　長女：あと一回だよ.(うごいていいの)
02　次男：<u>なんで？</u>
03　長女：えっ
04　　　　(1.0)
05　次男：<u>なんで？</u>
06　長女：三千円.
07　　　　(.)
08　次男：なんで？
09　長男：(だってお前) 元々-
10　次男：だってこれが, 動くので, これ- おこづかい
11　長女：°(うんそう) [三千円°《うなずく》
12　次男：　　　　　　　　[ボーナスの一回
13　長女：一回目. [うん. 一回目だから
14　長男：　　　　　[<u>一回目五千円. 二回目三千円.</u>
　　　　　　　　《ゲーム盤に身を乗り出し、該当箇所を指す》
15　　　　(.)
16　長女：ちがう＝

17 次男：＝<u>ちがう</u>．これが，これで，〈動く〉やつなの．

18 　　　（1.0）

19 長男：これ‐（.）いまやったやつなの＝

20 次男：＝えちがう．こ：［ここに

21 長女：　　　　　　　　［<u>い：いからはやくやって</u>＝

22 長男：＝えじゃあ‐さっきさあここにいたじゃん．

23 　　　（.）

24 次男：そ（　）［そうね

25 長女：　　　　［はやくケンタやっ［て

26 次男：　　　　　　　　　　　　　［それで，

27 　　　さっきの，さっきは，［<u>やってなかったから</u>．《長男を向き、拳を振る》〈図4.12〉

28 長女：　　　　　　　　　　　［ねえいいからはやく

29 　　　や［って．

30 長男：　［えー：：

31 　　　やって［たしこいつ：：《次男を指さす》

32 次男：　　　　［な：に：？

33 　　　やってなかったよ＝

34 長男：＝やってたよ．

35 　　　（.）

36 次男：じゃああと一回ね．

図4.12

　1行目で長女が次男に「あと一回だよ（うごいていいの）」と言ったのは、あと一回「動かしてよい」ということを伝え、そうするように促しているという可能性があるのだが、次男はそれに「なんで？」という反応をする。この反応は最初の「な」が強く発声されており、長女の発話を自分にとっては意外なものとして受け、抵抗するような語気を帯びている。この次男の反応が長女にとっては意外なものであったことは、3行目で「えっ」と反応していることに見てとれる。コマをもう一度動かせるという、次男にとってはメリットのあることに対してネガティブな反応をされたことが意外であったのだろう。1秒の沈黙の後、次男は再び「なんで？」と尋ねるが、長女は理由を答えるということをせず、「三千円」と言う。ごく短い沈黙の後、次男は三度目の「なんで」を、今度は発話全体の音量が大きく不満げな調子で発する。

　三度目の「なんで」のあと、長男と長女は説明を始める。次男の理解のうち正しいところを認めたり（11行目）、ゲーム盤の該当箇所を指したりするが（14行目）、なかなか次男が完全に納得するにはいたらない。ここで気をつけたいのは、このように説明をしている間は、ゲームの進行がストップするということである。会話分析では進行性（progressivity）と間主観性（intersubjectivity）の問題として論じられている内容であるが（高木ほか2016 第5章「修復の組織」参照）、会話の内容の理解に問題が生じた場合、会話参加者の双方が共通の理解に達するため

に聞き直しや理解確認を行っていると、その間は会話が前に進まない。ここでは、会話ではなくゲームの進行という活動に関して同じことが言える。ゲームのルールに対する次男の理解を確認するためにやりとりをすることは、ゲームを一時停止することになる。

21行目で、長女が次男の再反論を遮りながら「いいからはやくやって」と言っていることに注目しよう。これは、次男の言い分を聞くことよりもゲームの進行を優先しているということである。対照的に、長男は次男のコマがどこにあったのかを確認し、次男に説明を試みる。次男に対するこのような長男と長女の異なる対応はしばらく続き、25行目、27行目で長女は再度次男に対して二度、三度とゲームを進めるように促す。結局、次男がコマを動かしていたかどうかについて、長男と次男の間で意見の一致をみることはついにないまま、ゲームへと戻っていった。

ゲームをしながら他の活動も平行して行われるとき、ゲームへの復帰は明示的に宣言されることもあるが、特に宣言のないまま、それまでの活動とシームレス（区切りなし）につながる場合もある。そしてそのような場合、ゲームに参加することで、それまでの活動で起きていたトラブルがうやむやになることがある。次の断片は上の断片の10分後くらいであるが、ゲームの進行は中断しており、リビングにあるスリッパが誰のものかについて子どもたちの間で意見がわかれている。この諍いは徐々にヒートアップし、ついには次男が泣きそうになるところまでいくのだが、ゲームに戻ることでその諍いがなかったかのように扱われる。

例4.10
01　長女：ケンタ言っとくけどそれタツヤのだよ.
02　次男：なんでケンタのだ[し
03　長女：　　　　　　　　[ちがうよタツヤのだよそれだっておっきいもん
04　次男：だってちょうどだもんケンタ
05　長女：ちょうどじゃないよ＝
06　次男：＝ほんとだよ
07　　　　　(1.0)
08　　　　　[ほら
09　長女：[全然ちょうどじゃないじゃん
10　次男：ちょうどだもん
11　長女：(タツヤの)[だし《小上がりから降りて次男に近づく》
12　次男：　　　　　　[ちがうちがう
13　　　　《長男、スリッパをはく》
14　次男：¥ほら,¥めちゃちっちゃいじゃん.
15　　　　ちっちゃいじゃん.[ちっちゃい
16　長女：　　　　　　　　　[えっミエのだよだってミエのだよ
17　　　　《長女、小上がりから駆け下り、スリッパを上から踏む》
18　次男：なんで？(.)だってミエ(.)黒くない[もん

19　長女：　　　　　　　　　　　　　　　　　[ほら , <u>ちょうどぴったり</u>.

20　次男：だってケンタはね , こうなってたの .《足にスリッパをあてる》

21　長女：ほら , ほら , ほらケンタちっちゃいほら :: ほら ::.《次男の足を指さす》

22　次男：<u>なんで</u> .h だってここが ,

23　長女：°ケンタちょうちっちゃい .°《スリッパの上においた足を動かす》

24　次男：ケンタの (　　　　)!!《長女の足を動かそうとする》

25　　　　　や : め :[て？

26　長女：　　　　　　[チュッチュルッチュッチュッチュ《踊るように飛び跳ねる》

27　次男：ねえ<u>やめて</u> . <u>ほんと</u>にケンタの [°だから°

28　長女：　　　　　　　　　　　　　　[(　) また来年ピッ《次男を蹴るフリをする》

29　次男：や : め : て！

図 4.13

30　　　　　《長女、小上がりに戻る》

31　次男：や : め : て《泣き声になる》

32　　　　　《長女、小上がりの上で腰掛ける》

33　長女：(そんなんで) 泣くと . ん ::::: また来
　　　　　年になっちゃうわいな :: ふ :: ん

34　　　　　《長男、次男を蹴るふりをしてから、小上がりに戻る》

35　長女：次タツヤだよね ::《歌うような調子で》

36　　　　　《長男と長女が鼻歌を歌いながら人生ゲームのコマや道具をいじる》（図 4.13）

37　　　　　《次男、スリッパをたたき合わせてリズムをとったあと、放り投げる》

38　　　　　《次男、小上がりに登る》

39　長女：じゃあそろそろ (　　　) しようか .

40　次男：一万に変えて .　　（図 4.14）

41　　　　　(1.0)

42　次男：一万に変えて？

43　長男：あげる《長女に渡す》それで :: これが
　　　　　戻ってきて ,

44　　　　　それで , ここに (　) よし .

図 4.14

45　次男：ねえねえ . い t- 一万に変えて :？

46　長男：八千円 .

47　長男：《手をたたく》

48　次男：一万に変えて ::？

49　　　　　ねえねえ一万に変えて :？

50　長男：いちまん :: (1.0) もういちまん .

51　長女：いち :: まん .《長男にゲームの紙幣を渡す》

52　　　　　はい？ なに？

53　次男：一万に変えて :?《長女にゲームの紙幣を手渡す》

54　　　　《長女，次男にゲームの紙幣を渡す》

55　次男：一万円もうすぐでなくなりそう．

56　長女：《ゲームの紙幣が入っている箱を覗く》まだまだたくさんあるよほら．

　スリッパが誰のものであるかについてのやりとりは、長女と長男にとってはからかいである。長男がスリッパをはいてみたら小さいし、長女のスリッパは黒くないということを理由に次男はスリッパが自分のものであることを主張するのだが、長女に執拗にからかわれ、次男は「なんで」「やめて」と繰り返す（22、25、27、29、31行目）。次男は涙をこぼしこそしないが、うつむき、うなだれる（図4.15）。長女と長男は次男をリビングに残したまま自分たちは小上がりに戻り、ゲームを再開する態勢を整える。

　リビングにしばらくうずくまっていた次男はふと立上がると小上がりに歩み寄り、何もなかったかのように「1万に変えて」と言う（40行目）。この「1万に変えて」は人生ゲームの得点に関わるものであり、ゲームに参加する立場からの発言である。ここで次男がゲームに戻るかどうかは交渉の対象ではなく、次男にとっては当然の権利として扱われている。しばらくのあいだ長女はこれを無視し、長男に対してのみ対応するのだが、次男は「1万に変えて」と繰り返す（42、45、48、49行目）。この要求が何度か繰り返されたのち、長女がまるで初めて聞いたかのように「はい？なに？」と聞き返す（52行目）と、次男は再度「1万に変えて」と言い（53行目）、長女がそれに応える（54行目）。

　ここで合計6回も発話されている次男の「1万に変えて」が、繰り返されても「ねえねえ」という呼びかけの間投詞が付与される以外には形式面で変更がないことに注意したい。本章の今までに見た例では、働きかけをする度合いは繰り返された後のほうでは強まっていることが多かった。ここでも、何らかの形の変化をもたせることは可能であったはずである。しかし次男は「1万に変えて」という形式を保持して要求をし続けた。長女は明らかに次男を無視しているが、そ

のことには怒りを表さず、自分の要求を正当なものとして主張し続けることで、感情的な対立を起こさずにゲームへの再参加を達成したのである。

　ゲームから離脱していた子どもがゲームに再度参加することにより、ゲームとゲームの間に起きた子どもたちの間の諍いがなかったことにされている。スリッパが誰のものかという問題や、次男が長女に泣かされかけたことは、それ以上追求されたり、責められたりすることなく流される。例4.9では、ゲームの中で発生したルールの理解に関する衝突がゲームを進行することで無効化されていたが、この例では、ゲームの外側で発生した衝突がゲームの進行により無効化される。ゲームに参加し、そのルールにしたがって行動することが、

図4.15

他の行為よりも優先されており、そのことによって対立が解消されるのである。

まとめ

　本章では、家族が様々な遊びをする中で、その最中に発生する対立と感情の表出について考察した。遊びの開始や展開を詳細に観察・記述することで、遊びは協働的に達成されるものであることを確認した。遊びの開始には物理的な環境の準備や、楽しいという感情の共有がその場にいる家族の中で明示的になされている。また、遊びの中で感情が表出される際には段階があり、その段階を進めるのは相手の反応である。多くの場合、感情は突然最大限のボリュームで表出されるのではなく、徐々に強い形となる。さらに興味深いのは、多くの対立には明示的な解決がなかったことである。ささいな対立は多くあれど、ほかのことを始めたり場所を移動することで対立は深刻になることなく対処されている。家庭において、家族の誰かが腹をたてることはいろいろとあるが、明示的な仲直りは起きないことが多いのだろう。日々の活動の中で、楽しいことも腹立たしいことも無数に起きては消えていく。それがあまりに多く、あえて一つのエピソードとして記憶に残らないところが、家族を家族たらしめているのかもしれない。

　　［参考文献］
　　遠藤智子・高田明　2016「言うこと聞きなさい——行為指示における反応の追求と責任の形成」高田明・嶋田容
　　　　子・川島理恵（編）『子育ての会話分析——おとなと子どもの「責任」はどう育つか』昭和堂、pp.55-75.
　　伊藤崇　2018『学びのエクササイズ　子どもの発達とことば』ひつじ書房
　　中河伸俊　2015「フレーム分析はどこまで実用的か」中河伸俊・渡辺克典（編）『触発するゴフマン——やりと
　　　　りの秩序の社会学』新曜社、pp.130-147.
　　高木智世・細田由利・森田笑　2016『会話分析の基礎』ひつじ書房

▶▶▶第2部からの気づき◀◀◀

森元瑤子（ミサワホーム総合研究所）

　第3章、第4章では家族の感情の変化について考察されていた。家族は、喜怒哀楽の感情を最も表現しあえる関係である。それ故トラブルも起こりがちだが、一方で家族との関係こそ良好にしたいと考えている人も多い。2つの章を通じて、感情のコントロールの仕方、解消の仕方こそ、家庭、個人固有の方法があり、自分たち自身の観察が重要であることに気づいた。

　「第3章　家族への配慮と家事労働」では、子育てにおいて教える・伝える場面など、親子で感情的になりがちな状況下で、物理的な距離の意味を改めて感じた。建築を設計する上でも「対人距離（パーソナルスペース）」は基本的な考え方として考慮されている。

　今回の分析で注目したのが、親子での距離関係だ。長期的に考えると、親子の日常生活での関係とその距離は、成長段階にともない変化してくる。例えば、乳児は移動、食事、排泄など基本的な生活行為は大人が介助する。親との手遊び歌やふれあい遊びが推奨され、スキンシップも多い。幼児も基本的には大人の目の届く範囲での行動が求められる。また、乳児期から幼児期にかけて、視力がほとんどない状態から6歳ごろに1.0前後になるため、対話の距離間も近いことが望ましいとされている。それが就学児になり、一人で離れた小学校に通うようになる。自立した行動ができるようになってくるとともに、スキンシップが減り、親子は大人同士の距離感に近づいてくる。第3章で登場するお子さんは、母親に密接距離で勉強を教えてもらっていた。そのような親しい間柄にしか許されない距離感では、その距離感で日常を過ごしていた乳児期・幼児期に許容されていた"甘え"を産む関係になりやすいのではないかと感じた。

　これまで弊社では子どもの発育段階にあわせた学びのスペースを、家族間の対話という視点で提案してきた。例えば児童期のお子さんには、ながら家事をしながら子どもの学習を見守れるよう、キッチンから見守りやすい位置に、お子さんが集中できるよう壁に対面するワークスペースを計画した。

　第3章では「ながら家事」のしやすさだけでなく、そばで教えることと、距離を取りながら見守ることの対比による可能性が示されていた。「子どもだけでなく、親にもやるべき仕事がある」ということを体現する方法は、今後、家庭の共有エリアの配置計画（キッチン、リビング・ダイニングとの距離の取り方）親子の視線の向きのデザインなどに活用できるだろう。

　「第4章　家庭内における遊びと感情の表出」では、家庭内でささいな諍いは多くあれど、他のことを始めたり場所を移動することで、対立は深刻になることなく対処されていることが示されていた。

子育てをする中で、例えばきょうだい喧嘩は、親が見極めて善悪を判断し、謝罪をするよう促し、明示的な解決を教えることが多い。子どもに限らず、産後や老年期の夫婦喧嘩、嫁姑問題など、家族内で起こりがちなトラブルは、明示的な解決法のニーズも高く、専門家の意見やノウハウの書籍も散見される。

　しかし、そのような大きな問題以前に、忘れ去られてしまうようなささいな対立が日常に多くあるということは、あまり注目されてこなかった。どちらが悪かったという判断や謝罪の行為なく自然消滅していくことで、人々の記憶に残らないためかもしれない。

　では、果たして家族間で距離をおける場所、ある種、逃げ場所があるかどうかについて、住宅計画時に考えられているのだろうか。昨今、これまでの住宅の問題提起として「脱nLDK」という考えが浸透したこともあり、部屋を緩やかに区切る傾向が多くある。住宅の提案には幸せな家庭像が描かれ、ゆるやかに区切られて、互いの気配を感じられるようにという考え方が推奨されがちだ。

　しかしながら、家族には良い状態のときもあれば、大なり小なり対立関係にあるときも存在する。そのことを、住宅を計画する私たちや、住まう人が認識し、心を落ちつかせるための居場所について改めて考えてみることが大切だと感じた。

コラム②　感情の文法

前田泰樹（立教大学）

　感情は、場合によっては、自然にわきあがってくると感じられることがあるものだ。だからこそ、自分にとって大切なものだ、と感じられることもある。しかし他方で、私たちは、感情が他人からの介入を受けるものであることも知っている。小さなことでいつまでも怒っていると、「そんなことで怒るなんて」と非難されることもある。あるいは、ひどいことをされたのに怒らないでいると、「あんなひどいことされたのに」と他人からそそのかされたり、逆に我慢強さを賞賛されたりすることがある。こうした出来事が生じるのは、感情が、規範と強く結びついているからだ。

　「痛み」のような身体的感覚と比べてみよう。歯が痛くて泣いているとき、心配してもらえると思ったら、我慢しなさい、と言われてしまう、といったことはありうるだろう。けれども、その場合でも、歯が「痛い」こと自体が、道徳的に問題だとされることは、ふつうあまりない。それに対して、子どもが機嫌を損ねて泣いているときには、「機嫌を損ねている」こと自体の方が問題だと言われることがある。では、「痛み」の場合と何が違うのだろうか。

　「痛み」のような身体的な感覚の場合、「痛み」は「歯」のような当人の身体の場所と結びついている。だからこそ、私たちは、本人が「痛い」というとき、（嘘だと考えるのでなければ）それをそのまま受け入れる。「痛い」ものは「痛い」のであって、人は「痛み間違い」をしたりしない。けれど「機嫌を損ねている」場合、その「機嫌の悪さ」は、何か、特定の対象や出来事に向けられている。そして、特定の対象や出来事が、機嫌を損ねるようなことなのかについては、本人以外の人も評価したり、判断したりできる。だから、「機嫌を損ねている」ことの方が問題だと言われることがある。「見間違い」や「聞き間違い」があり得るように、特定の感情を持つこと自体が「間違い」だと言われることはある。

　第3章の例3.1は、そのような事例である。次男が機嫌を損ねていたのは、母親に「笑って」と言ったときに、母親が笑ってくれなかったからである。これだけなら、母親に笑ってもらえなかった次男が機嫌を損ねる、ということもあってよさそうなことに聞こえるかもしれない。ただ、長女の説明によると、そもそもその前に、母親が「笑ってごらん」といったときに、次男は笑わなかったそうだ。このような事情を知った父親は、次男が「機嫌を損ねている」ことの方を問題としてとりあげ、繰り返し諭している。

　ただし、ここで問題になっているのは、母親が笑ってくれなかったのは機嫌を損ねるべきことか、といった水準にはとどまらない。確かに、最初、父親が「しょうがないじゃん自分がだってやったんだもん」「おんなじこといわれてさ　なんで泣いてんの」と語り始めたとき、機嫌を損ねて泣くべきことではない、と伝えているように見える。けれど、「じゃあ泣いてなさい」と述べてから、「自分とおなじようにママがやっただけだもんね」「人にそうゆう思いさせてるってことだからね」と続けていくとき、そこで諭されているのは、自分がされて泣くようなことを人にするな、という感情の配慮をめぐる互酬性の規範である。父親は、自分が配慮を求めるのと同じように相手を配慮せよ、という規範を述べ直すことによって、次男を配慮される客体としてだけでなく、配慮するべき主体とみなした上で、家族への配慮を教えているのである。

このように、感情は規範と強く結びついている。こうした規範は、感情を理にかなったものや不適切なものとして理解可能にする、いわば一つの「文法」として、私たちの生活の形を作っている。もちろん、こうした規範は、感情を自動的に引き起こしたりするものではない。見間違いの場合には、間違いだと気がつけば、（いわゆる「錯視」などの場合を除けば）見え方が変わることもあるだろう。それに対し、強い怒りのような感情の場合には、自分の方に非があったと気づいたとしても、すぐにはおさまらないこともある（それどころか、おさまらないがゆえに気づきの方を否認して、逆ギレしてしまうこともあるかもしれない）。実際、先程の事例においても、次男はすぐに泣き止んだりはしない。だからこそ、父親は、次男を泣かせたまま落ち着くのを待っているのである。そして、家族で一緒に夕焼けを見て、それに感嘆するところで、感情の管理を教えるという出来事に、一つの区切りがつけられることになる。

　先にも述べたように、感情が特定の対象や出来事と結びついているということは、私たちが、それらの対象や出来事を、評価したり、判断したりしている、ということでもある。だから、先に感情を引き起こすような出来事が生じたり、対象が提示されたりすると、それに対して、評価が後ろに置かれる可能性がある。こうした結びつきを用いて、私たちは、対象への評価のしかたを管理することができる。きれいな夕焼けを見て、それに感嘆してみせるのも、評価の活動への誘いであるかもしれない。

　第4章の例4.4では、よりはっきりと、「遊び」への誘いの中に評価の活動が含まれているのをみることができる。この箇所は、ブロックを二つ積んではその上に倒れる、という遊びが始まるところである。長男が、「あ，いいこと思いついた」と周囲に聞こえるように発話し、「せーの」と掛け声をかけ、周囲に視線を向け、「ティーン」と言いつつ倒れて見せるとき、長男は、この遊びを周りの家族にも見られるものとして行っている。このように、周囲の関心を集めた上で、感情を引き起こすような出来事が提示されるとき、その後に、その出来事にたいする感情を表出して評価を行ってよい場所が作られる。実際に、長男が倒れた直後に、長女は「わー，すごーい！」という感嘆の感情を表出することで、その出来事に対して、非常に肯定的な評価を行っている。ここから、この「遊び」に子どもたちが参加していくことになる。

　このように、感情が規範と結びついている、ということは、その規範のもとで様々な行為や活動が可能になっている、ということでもある。長男は、その「遊び」を実際にやってみせれば、そこで共感を得られる可能性があると理解していたからこそ、周囲の関心を集めたのである。長女も、その「遊び」が実際になされたその直後に、理にかなった適切な感情を示すことによって、その「遊び」へと参加していくことができた。感情に結びついた規範は、このように、いわば一つの「文法」として、私たちの経験や行為を理解可能なものとし、私たちの生活の形を作っているのである。

［参考文献］
前田泰樹　2007「感情」前田泰樹・水川喜文・岡田光弘編『ワードマップ　エスノメソドロジー』新曜社、236-
　　41.

第3部

家庭のメディア

第5章
家庭におけるテレビ視聴
開始／終了と「家族の団らん」の発生

池上　賢

はじめに

　子どもがいる家庭における日常的な関心ごとの一つに、メディアの利用がある。読者の中にも、子どもの頃にゲームで遊ぶ時間を制限されたり、特定のマンガ作品を読んではいけないと言われたりした経験がある人がいるだろう。逆に、今まさに子育て中の読者であれば、子どもがスマホばかりやっていて困っているとか、今話題になっているアニメ作品を子どもに見せて良いのか、などと悩んでいる人もいるかもしれない。

　長きにわたって“メディアの王様”であったテレビの利用もその一つである。例えば、NHKと日本民間放送連盟が2007年に発足し、「放送倫理の高揚に寄与することを目的」とするBPO（放送倫理・番組向上機構）には、「放送と青少年に関する委員会」が設置されている（湯浅編 2020）。この委員会の設置には、テレビが青少年に影響を与えうるメディアであるという前提がある。また、家庭におけるテレビの視聴について、教育的な観点から批判的に捉えるという論者も数多い（例として、尾木（2004）やノイシュツ（2001）など）。こういった議論では、テレビの見過ぎによる子どもの成長への悪影響が指摘される。

　その一方、戦後の日本社会においていわゆる「家族の団らん」が、テレビによって媒介されていたのではないか、という指摘もある。例えば、NHK放送文化研究所の調査では、放送開始（1953年）から約20年くらいは、テレビとはそれを「中心に家族が1つにまとまり、その結果“マイホーム”を新しい家郷」にするものであったとしている（井田 2004）。このような、テレビと「家族の団らん」を結びつける議論は、他の論者によっても行われている（例えば、小林（2003））。いずれにしても、家庭におけるテレビのあり方は、特に子どもがいる家庭においては、大きな関心ごとの一つであることがわかる。

　ところで、様々な社会の変化にともない、テレビ視聴のあり方も大きな変革を迎えている。視聴形態について見ると、「家族みんなで一定の時間集中してテレビを見る」という家族視聴・専念視聴から、「家族メンバーそれぞれが、ほかの事もしながらなんとなく見る」という個人視聴・ながら視聴への移行がある。あらためて、NHK放送文化研究所の報告を見てみよう。1975年以降、テレビは「特別な存在から日常生活に定着した当たり前の存在」へと変化し、同時に世帯によるテレビの複数台の所有により、「家族全員がただなんとなく漠然と見る」という視聴形態が現れるようになる（井田 2004）。特に、1985年以降になると、特定の世代の視聴者を対象とするようなドラマが登場し「家族が各部屋のテレビの前に散らばり、それぞれが見たい番組を見ているという状態が出現」（井田 2004）するとともに、「一人でテレビを見ている自分の周囲の空間をうめるためにつけられる」（井田 2004）ようになった。

テレビの位置づけや視聴のあり方は、日本の放送史の中で大きく変わってきたが、現在テレビはどの程度見られているのであろうか。いくつか調査報告をみてみよう。NHK 放送文化研究所の『日本人の意識調査』では、普段の生活の中で欠かせないと思うコミュニケーション行動について調査を行っており、どの時代も最も多いのは、「テレビを見る」となっている。本項目は、1990年代の 86% をピークに減少し、2018 年の調査では 79% となっているが、調査開始以来トップの座を守っている（NHK 放送文化研究所編 2019）。2015 年に行われた『日本人の情報行動調査』では、他者とのコミュニケーションやメディア利用を含む「情報行動」の中で、最も時間が長いものは、「テレビ放送を見る（テレビ視聴）」で、172.8 分だった（北村・森・辻 2016）。

　このようにテレビ視聴については、家族視聴・専念視聴から個人視聴・ながら視聴への変化や、現在でも多くの人に視聴されていることが明らかにされている。しかし、これらの研究では、おもにアンケート調査を用いてテレビ視聴の全体的な傾向を把握してきた。そのため、テレビ視聴について重要な知見を提示する一方で、様々なことを見落としてきた可能性がある。

　例えば、本書の関心との関わりでいえば、現代社会における家族視聴のあり方がある。すでに説明した通り、既存の研究において、テレビ視聴の様態は個人化した傾向にあるとされる。しかし、こと子どもが幼少期にある家庭においては、依然として複数人による視聴は行われている。この点について明らかにする必要がある。

　もう 1 点、「日常生活に埋め込まれたもの」としてのテレビ視聴の様相も重要である。現代社会におけるテレビ視聴は、明確な始まりと終わりがあるものであるというよりは、「ながら視聴」という言葉に表されるように、日常生活の中に埋め込まれ、発生したり消えたりするものとなった。しかし、「ながら視聴」が実際には、どのような視聴形態なのかについては、いくつか興味深い試み（例えば、斎藤（2011）、BPO・青少年委員会　調査研究班（2007））はあるが、十分に明らかにされているとは言いがたい。小林義寛は、テレビ視聴についての歴史的考察において、現実的に我々はどのようにテレビを見てきたのかという点について明らかにする必要性を主張しつつ、以下のように述べる（小林 2003）。

　　　テレビの経験が 1 つの流れであるように、日常生活自体もある流れである。多様に、多層に、
　　　多元的に交差するわたしたちの営みの流れの中にテレビを見る経験がある。（中略）テレビを
　　　見る経験とは、日常性のある流れのなかで、テレビの流れが交錯することではないのか。

　例えば、ある家族は朝の時間に、リビングルームのテレビをつけっぱなしにしているかもしれない。そして、家族のメンバーは、各々が学校や仕事に行く準備をしながら、時折テレビに目を向けるかもしれない。あるいは、ある子どもはテレビがついているリビングルームでくつろぎながら、友人とメールのやり取りをし、その中で今やっているテレビ番組に出ている芸能人を話題にするかもしれない。だが、話題が別なことに変われば、すぐにテレビから目を離してしまうこともあるだろう。ここからわかるように、テレビ視聴とは、境界のあいまいな活動なのである。

　以上の点を踏まえて、本章では、子どもがいる家庭において、テレビを視聴するということが、

どのように行われているのか明らかにする。具体的には、以下の3点が本章の問いとなる。

①テレビの共同視聴において、何が行われているのか
②テレビの共同視聴は、いかにして開始されているのか
③テレビの共同視聴は、いかにして終了されているのか

先述の小林は、「テレビとわたしたちとの関わり合いを考えること」は「その関係性の総体に焦点をあてる」ことであり、「ある流れのなかでオーディエンスになる過程を考察すること」であると主張する（小林2003）。これを引きとれば、本章はビデオ映像の分析によって、日常生活の中に埋め込まれたものとしてテレビ視聴の様相と、人々が視聴者（オーディエンス）になる詳細な過程を明らかにするものである。

 ## データ概要

本章では、家庭生活の中で家族全員によるテレビ視聴が発生した映像を分析する。本調査で使用するデータは、本書共通の調査（T邸）において、2013年8月3日（土）午前7時24分から録画された映像である。映像では、子どもたちと父親が工作を行う状況が記録されている。録画開始から16分経過するまでは、テレビはついていない、あるいはついているが音声が最小になっており、ほぼ関心を向けられていない状態にあった。16分を過ぎたあたりで父親がリモコンの操作を行い、音量を上げる。その後、工作などの作業を行いながら、父親や長男が、テレビ画面をチラ見する状態となった。

ここで流されているテレビ番組は、番組音声の聞き取りと、NHKのホームページにおいて当時のラジオテレビ欄を確認した結果、NHKの番組『おはよう日本』であることがわかった。ラジオテレビ欄上の記述は以下のとおりである。

7：30文字多重放送NHKニュース　おはよう日本▽子どもの体力つける人気のアトラクション　▽茨城・花貫渓谷の涼　【キャスター】近田雄一、江崎史恵

なお、分析に先立ち番組映像を確認するため、NHKアーカイブのホームページを閲覧したが、本番組のアーカイブについては、視聴できなかった。そのため、分析は動画の音声から聞き取れた内容を踏まえて行っている。また、上記の番組表では、「アトラクション」の紹介の後、「花貫渓谷」の紹介がなされるような表記になっているが、音声を確認したところ、実際の順番は前後しており、花貫渓谷の紹介の後にアトラクションの特集へと移行していた。

本章で焦点を当てるのは、録画開始後の28分過ぎから32分過ぎまでの間で発生した家族全員（父親・母親・長男・長女・次男）による共同のテレビ視聴の様相である。初めに、出来事の全体的な流れの概要を確認する。まず、2階のリビングルームの小上がり、あるいはホームワーク

コーナー（映像には映っていない）において、子どもたち3人が工作作業を行っている。父親は小上がりの縁に座り、テーブルの上にある新聞や広告を確認しつつ、必要に応じて子どもの工作を補助している。母親は洗濯に従事しており、当初は映像内には現れない。その後、まず長男がテレビ番組の内容に関心を寄せる。長男は一度視聴を停止し工作に戻るが、その後再び番組の内容に関心を示し、テレビ視聴に志向するようになる。さらに長男は、3階から降りてきた母親に番組を見るように呼び掛ける。それに応答し、母親も番組内容に関心を寄せる。さらに今度は母親の父親に対する質問によって、テレビ番組の内容に全員が注目するようになり、いくつかの会話が交わされる。その後、家族全員によるテレビ視聴は終了し、全員が工作や洗濯など各々の活動に復帰していく。

　この事例が興味深いのは、家族が工作やその手伝い、洗濯といった別々の活動を行っている中で、「ながら視聴」が発生し、さらに家族全員がテレビを見るという「家族視聴」の状況へと移行しているからである。つまり、このデータは、まさに小林が言う「多元的に交差するわたしたちの営みの流れの中」にある「テレビ視聴」として位置づけられるのである。

② 長男によるテレビへの注目

　本章では、特に家族による視聴への参加がどのような手続きを経てなされていき最終的に共同のテレビ視聴——いいかえれば一時的な「家族の団らん」——が成立するのか、記述する。

　この部分の分析において、重要なのが初めに長男がテレビ番組の内容に関心を寄せ、視聴を開始し、それからほかの家族への呼びかけが行われ、家族全員がテレビ映像に視線を向けるという状況、すなわち共同視聴が発生したという点である。初めに長男が、どのようにテレビ番組の内容に関心を示したのか確認したい。なお、以下では録画開始からの経過時間は、原則として00（分）：00（秒）と表記する。

図5.1　おおよそ24：42時点の状況（次男は長男の背後にいる）

例5.1　24：25～24：49（長女・長男6歳）
1　長女：（　）
2　父親：いいじゃない《父親が長女の持ってきた工作物を手に持つ》
3　　　　　（6.0）
4　《長男が座ったまま上半身をひねり、テレビに視線を向ける》

長女と父親は、現在のメインの作業である工作の内容について会話を交わしており、次男も少し離れたところ（長男の背後）で工作を行っている。一方で長男は、ホームワークコーナーに座ってい

た。テレビ音声では、この直前まで茨城県にある花貫渓谷についての特集を行っていたが、その
コーナーが終了している。そして、次のコーナーとして江東区にあるアトラクション施設の紹介
へと移行している。番組音声を確認すると出演者の女性が、現地をレポートしている女性に質問
を行っているが、その直後に長男が反応する。長男は上半身をひねることによりテレビに視線を
向け、視聴を開始している（図5.1）。それに続くのは以下の場面である。

　例5.2　24：50～25：19（例5.1に続く）
1　長女：これねえ、うしろにかいてる
2　父親：ああいいじゃん
3　《長男が立ち上がり、小上がりの縁まで移動する（25：00)》
4　《長男が立ち上がった状態でテレビに視線を向ける》
5　　　　（9.0）
6　父親：ここをさあ（　）
7　《長男がフロアに降りてテレビの前まで移動する（25：11/25：14)》
8　《父親が長男を見て、すぐに長女に向き直る》
9　父親：（　）で、しっかりしてるから

　1行目で長女は父親に話しかけている。それに対して、2行目で父親は長女の質問に答えている。
一方で、次男も引き続き工作に従事しており、テレビを見ていない。つまり、この場面では、父
親・長女・次男はテレビに志向していないことがわかる。
　一方で、長男は3行目において、ホームワークコーナーから立ち上がり、小上がりの縁まで移
動する。そして、4行目に記載されているように、立った状態でテレビ視聴を継続する。その後、
9秒後に、7行目で長男は小上がりからフロアに降りてテレビの前まで移動し、画面に視線を向け
る（図5.2）。
　この場面において、長男はテレビ視聴を開始しているが、それは「テレビの前に座り→リモコ

図5.2　長男のテレビ前への移行過程（1回目）

ンを操作しスイッチを入れて→テレビ場面を専念して視聴する」というものではない。長男は、事前にスイッチが入れられていた番組の内容に関心を寄せ、一度はそのままの状態でテレビを見るために上半身をひねっている。その後、小上がりの縁に立ち、さらにフロアに移動するという手順を見せている。

　つまり、テレビ視聴は開始と終結が明確な活動というよりは、境界のあいまいなものであることが改めて確認できる。本事例の場合、長男は少しずつテレビに近づくという段階を経ることによって視聴に少しずつ志向していっていることがわかる。また、ここで開始されたテレビ視聴（および今回紹介するテレビ視聴）は専念視聴と呼べるものではない点も確認できる。実際、ここで開始された視聴はいったん中断される。具体的には、ここで紹介したトランスクリプトの約1分半後（録画開始後26：30〜）、長男は再び小上がりに移動し、次男の工作のテープの止め方について質問を行うなど、工作作業に対して関心を移行させている。

 ## 3 家族全員による視聴の発生
―― 呼びかけと会話によるテレビ画面への注目

　その後、長男は再びテレビ番組の内容に関心を寄せるが、それをきっかけにして家族全員によるテレビの共同視聴が行われた。ここでは、その場面を見ていく。26：30から2分ほどは、母親以外の家族全員が工作に従事する状況が続く。その後、28：00頃から、母親も含めた家族全員が、“専念視聴”とは呼べないものの、テレビ視聴に強く志向する時間が継続する。本節ではその過程を確認する。まず、テレビ番組の内容について見ると、ここでは引き続き江東区のアスレチック施設の紹介が続いており、識者による解説が行われていた。また、父親は新聞を読み、長男・長女・次男は工作を続けていた。しかし、その途中長男は再度テレビ番組の内容に関心を寄せる。

例5.3　28：20〜28：39
1　　《長男は父親の前に立っている》
2　　《長女が父親に視線を向ける》
3　　次男：コレドーコレ
4　　長女：これもうひとつは (.) もうひとつ
5　　《長男は小上がりの手前に立ち工作を見ている》
6　　《父親が工作を続ける》
7　　《次男がホームワークコーナーに移動する》
8　　《長男がテレビに視線を向ける（28：32）》
9　　《長男がテレビの前に移動》
10　　長男：スゲッ（28：35）
11　　《長男が床に座り、さらに横になる（28：38）》
12　　長女：はい

図 5.3　長男のテレビ視聴への移行過程（2 回目）

図 5.4　長男の最終的なテレビ視聴体勢

```
13          (2.0)
14    長女：わかんない
```

　この場面において、テレビの音声では専門家がアスレチックの内容について解説を行っている。この時点で、長男は当初はテレビに関心を向けず、小上がりの上で長女が行っている作業を見ていた。しかし、その後、長男は 8 行目で一度テレビに視線を向けると、移動しながら 10 行目において、「スゲッ」と発話する。そして、テレビの前への移動が完了すると、床に座り、横になる（図 5.3・図 5.4）。この時点で、長男は再度テレビ視聴に志向した身体の体勢を取ったといえる。その直後、長男はテレビ視聴を継続しながら、ほかの家族に対して働きかけを行い始める。

```
例 5.4　28：40 ～ 28：59
1     《長男がテレビの前で寝そべる》
2     《父親がテレビに視線を向けて、すぐに戻す》
3     長女：ちょっとみてここ
4     長女：ここに置いといてね
5     《母親が物干しハンガーをもって上から降りてくる》
6     《長男が母親に視線を向け、手招きをする》
7     長女：[（          ）]
8     長男：[ 見てすごいよー ]《テレビを指さす》
9     《母親が視線をテレビに向け、小上がりから下りる》
10    《父親がテレビを見る》
11    母親：ここどこだ、江東区ってなーにこれ
12    長男：遊園地─
13    《母親がテレビに近づく》
14    母親：どこだこれ
```

15		(2.0)
16	長男：	遊園地
17	母親：	なんていうところ
18	《次男がテレビを見る》	
19	《父親が視線を手元に落とす》	
20		(2.0)
21	母親：	これ楽しそうだね

　6行目において、長男は2階と3階をつなぐ階段を下りてきた母親の方に視線を向け、手招きするような動作を見せる。そして、長男は母親に対して、8行目において床の上で横になった体勢を維持しながら、テレビ画面を指さし、「見てすごいよー」と発話する（図5.5）。ここでは、長男による、手招き・指差し・「見て」という発話、によって母親に対してテレビ画面を視聴することが要請されている。同時に、その番組において放映されている内容が「すごい」という注目に値するものであることが示されている。

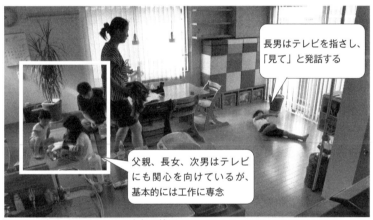

長男はテレビを指さし、「見て」と発話する

父親、長女、次男はテレビにも関心を向けているが、基本的には工作に専念

図5.5　おおよそ28：44時点の状況

　ここから開始される一連の流れで注目したいのが、家族による「焦点の定まった集まり」がどのように生じるのかという点である。アーヴィング・ゴフマンによれば、会話や会議、外科手術のような共同作業などの「同じことがらに注意を向けることを了解しあっている人々の集まり」においては、原則として、その場で注意を向けるべきとされる事象への共同注意を維持しあうように調整される（串田 2017; Goffman 1963=1980）。串田は、「焦点の定まった行為への移行」について、夫婦で買い物をする場面を事例として紹介する（串田 2017）。夫婦は、別々なものに視線を向けながら買い物を行っていた。しかし、その途中少し先を歩いていた妻は、ご当地グルメコーナーを見ながら立ち止まることで、それに注意を向けたことを示し、なぜ立ち止まったのかが、夫に理解可能になるようにしていた。

　この点を踏まえて、この場面を考えてみよう。当初家族はテレビ視聴ではなく、工作や洗濯といった家庭内の別な活動に参与しており、「焦点の定まった集まり」すなわち家族全員によるテレ

ビの共同視聴が行われているとは言えない。しかし、長男は指さしという身体的動作という資源、および発話を用いることによって、今テレビに映されている映像が注目に値する（「すごい」）ものであることを母親に示し、テレビ視聴への参与を促している。

　続くデータを確認する。母親は9行目で視線をテレビに向けながら小上がりを下りてテレビ画面に近づいている。これは、長男の「（テレビを）見て」という要請に対して、これを了承し、実際にテレビに近づくという行為をもって応答したものと解釈できる。この段階で、長男にも母親が実際にテレビ映像に志向した、ということが理解可能になる。そのうえで、母親は11行目で「ここどこだ、江東区ってなーにこれ」と長男に質問を返している。これに対して長男は、「遊園地」と回答するが、母親はテレビに近づきながら、14行目で再度「どこだこれ」と質問を行っている。これに対しても、長男は「遊園地」と回答している。

　会話分析においては、質問と応答の交換のような二つの発話が行う行為のカップリングによる連鎖を「隣接対」という（串田・平本・林 2017; Sacks et al. 1974=2010）。隣接対は、会話における連鎖組織の中で、最初の連鎖であり、例えば、「質問」に対して、適切な「応答」がなされれば通常はそこで会話は終了したものとして取り扱われる。しかし、この場面では、母親は一度目の質問のあと「ここどこだ」と同じ質問を長男に行っていることにより、長男の応答（「遊園地」）を適切なものとして取り扱っていないことがうかがえる。それに対して長男は同じ内容（「遊園地」）を回答しているが、母親はさらに続く17行目において、「なんてところ」と質問の表現を変えて、改めて質問している。しかし、2秒経っても長男からの応答がないため、母親は質問を繰り返さず、「これ楽しそうだね」と発話する。そして、18行目からは工作中であった次男も視線をテレビに向けている。なお、父親は、10行目においてテレビに視線を向けているが、19行目において再度手元に視線を戻している。

　結局、この場面においては母親の質問に対して長男から適切な応答がなされ会話が明確に終了することはなかったが、この部分の母親と長男の応答の未達成な状態は、次にほかの家族が視聴に参加する契機になっている。この後、長男と母親は、番組において紹介されているアトラクションについて長男が、「あのね石の奴、登る奴もあったよ」などと述べ、それに対して母親が「ロッククライミング？」と述べる等、テレビ番組に視線を向けたまま、番組の内容に志向した会話を継続していた。一方で、視聴に参加していない父親と長女は、引き続き工作を継続していた。

　その後、29：30からの場面において家族全員によるテレビ視聴、すなわちテレビ場面に全員が志向しているという状況が一時的に達成される。以下では、その過程に注目する。

　例5.5　29：30〜29：49
　1　《長女が父親に工作を見せている》
　2　　　　（10.0）
　3　《長女がテレビを見る》
　4　　　　（5.0）
　5　母親：なんかどここれ？(.) 聞いてた？《テレビを指さしながら、父親の方を向く》

6 《父親がテレビと母親に視線を向ける》
7 父親：きいてない

　この段階で、これまで工作に専念していた長女が3行目でテレビに視線を向ける。さらに、母親が父親に対して「どここれ？」と質問を行うことにより、父親もテレビに視線を向ける。この場面では、特に父親・長女が工作に専念している状況に対して、母親が質問を投げかけることによって、父親と長女の視線がテレビに向き、共同の視聴がなされるということが起きている（第5章のポイント図3も参照）。続く場面も確認してみる。

　例5.6　29：50〜30：44
1 　　　　　（4.0）
2 　　父親：江東区（　　）
3 　　《長女が手元の工作を見る》
4 　　《父親が手元の工作を見る》
5 　　母親：ちょっとでもこれできないか
6 　　《父親がテレビを見て、手元に視線を落とす》《長女がテレビを見る》
7 　　母親：タツヤとミエくらいならな、でも、命綱みたいなのやってるから
8 　　《母親が床に座る》
9 　　長男：こわい
10 　　長女：こわくないよー
11 　　《次男が小上がりからベンチを通りテレビの見える場所へ移動する》
12 　　長男：あ下ない
13 　　《父親がテレビを見る))
14 　　母親：うん、あこわアッハッハ《長男の方を向く》
15 　　母親：こんな［の　］いつもやってるよねこういうのはねー《母親が一瞬長男の方を向く》
16 　　長男：　　　　［えー］
17 　　　　　（5.0）
18 　　母親：ちょっとこれはまだ、幼稚園生は無理だねー《父親が工作物に視線を落とす》
19 　　父親：幼稚園無理じゃないかー小学生とかじゃない《工作をしながら発話》
20 　　母親：そうだね
21 　　　　　（1.0）
22 　　母親：あ、多分出来るかもしれないけど、高いから怖いよね
23 　　次男：ユー
24 　　　　　（5.0）
25 　　母親：何これ
26 　　長男：何これ

　この場面では、全体として母親がテレビ画面への注目を促すということが起こっている。この状況について考える際に、参考になるのが、マルチアクティビティに関する研究である。ここでいうマルチアクティビティとは、ある個人が複数の活動を、同時、あるいは連続して行うことを指す（Haddington et al 2014）。マルチアクティビティに関する研究では、複数の活動をいかに管理するのかという点が分析されている。

　例えば、團康晃は読書会における参加者の議論やコメントなどの主要な活動の中で、嗜好品であるコーヒーを摂取する活動がいかに行われているのか分析している（團 2018）。この研究では、一例としてコーヒーの摂取が、ある個人が議論において話を行っている状況ではなく、自分が聞き手となっている状況で主に行われていることや、課題図書を見ながら、コメントを聞くという枠組みを維持しながら行われていることが示されている。つまり参加者は読書会という議論に支配的に関与し、嗜好品の摂取活動は従属的なものとして組織するという方法を用いていた。

　この点を踏まえて、例5.6について考えてみる。前提として、この場面は、團の事例である読書会と比較すると、テレビ視聴と工作のどちらが主要な活動で、どちらが従属的な活動であるのか、明確に分かれてはいない。しかし、父親と長女に限れば、彼らが本事例の映像を通して工作を続けていることや、家族視聴の時間帯も適宜手元の工作に目を落としていることを考慮すれば、工作の方がやや優先されている活動であると確認できる。

　この場面において、テレビの音声では、アスレチックの内容が説明されているが、これに対して母親は5行目において、「ちょっとでもこれできないか」と発話している。この後の母親による7行目の「タツヤとミエくらいならな」という子どもたちの名前を用いた発話から、ここで「出来ないか」の主語になっているのは、この家の子ども達であることがわかる。この発話に対して、6行目で長女と父親は視線をテレビに向ける。長女は、そのままテレビ視聴を継続し、父親は視線を手元に落とし工作を継続する。その意味では、父親についてはテレビに関心を寄せていないように見える。なお、11行目では次男が小上がりからテーブルに沿って配置された長椅子を通りテレビが見やすい場所に移動している。その後、父親は12行目の長男の「あ下ない」という発話に反応し再びテレビを見る（図5.6）。その後、父親は17行目の母親による「幼稚園生は無理だねー」という発話と同じタイミングで再び工作物に視線を落としている。しかし、それにもかかわらず父親は18行目で「幼稚園無理じゃないかー小学生とかじゃない」と応答している。つまり、父親はテレビ画面を専念して見てはいないものの、音声を聞くなどして、一定の関心は維持していることが示される。さらに、25行目と26行目の母親と長男による連続した「何これ」という発話に反応して、再びテレビに視線を向けている。

　この場面では、父親と長女は自身の工作という活動に従事しながらも、適宜視線をテレビに向けたり、母親の発話に応答したりするなどしてテレビ番組の内容にも志向していることを示している。また、この段階では長男と母親、および次男はすでにテレビ視聴に志向した体勢を取っている。つまり、例5.6の状況下において、家族全員による共同のテレビ視聴が達成されたものとし

次男は長椅子
の上からテレビ
を視聴

父親と長女は工作に従事しつつ
適宜テレビを視聴

母親と長男は床の上で座るなど
してテレビを視聴

幼稚園生は無理
だね（母親）

幼稚園無理
じゃないかー

図5.7　工作を見ながら母親に応答する父親

図5.6　おおよそ30：15時点の状況

て見ることができる。テレビ視聴が行われているということは、テレビをめぐる相互行為や視線によって、当事者にも理解可能なものになっている。

　この事例からは、以下の点を指摘することができる。第1に、例5.1、例5.2で確認した長男によるテレビ視聴の開始と同じく、家族全員によるテレビの共同視聴も、明確な区切りによって始まるものであるというよりは、テレビが付いているという状況において、まずは長男、続いて母親、そして次男、その後父親と長女、というように段階的に視聴への参与がなされ、協働的に達成されている。第2に、父親と長女は、結局テレビ視聴に志向した身体の姿勢を取ることはなく、工作という自身が優先的に関与している活動を維持しつつも、テレビ視聴にも志向している。第3に、テレビ視聴に関与するきっかけとして家族間の相互行為が重要な役割を果たしている。

　なお、この状況が成立するうえで、本事例における空間的条件も考慮する必要があるだろう。本書の分析事例では、小上がりがあるリビングルームが対象となっている。テレビは小上がりから視聴することができる場所に配置されていたため、父親と長女は工作を続けたままテレビ視聴を続けることができた。また、小上がりはテーブルのベンチにそのまま続くようになっているが、これはテレビ視聴に志向した次男がその場所を通って、テレビが見やすい場所に立ち視聴することを可能にしている。

　いずれにしても、本事例からは家族全員によるテレビ視聴というものが、受動的な行為であるというよりは、家庭内の空間的・物理的環境を前提として、家族同士の相互行為によって明確な区切りなく生起する、日常生活の中に埋め込まれた協働的な活動であることが確認できた。

 テレビ視聴からの離脱過程

　それでは、家族によるテレビ視聴は、どのようにして終了されるのであろうか。以下では、その過程を確認する。結論を先取りすれば、テレビ視聴の終了もまた段階的に展開していくものとなっている。例5.6で紹介したトランスクリプトの後、母親・長男・次男は引き続きテレビに集中

する様子を見せる。一方で、父親と長女も、工作に従事しながらも番組内容に関する会話に参与するなどしている。このような状況は1分ほど続く。言い換えれば、数分間ではあるが、「家族の団らん」が成立したといえるかもしれない。

　以下のトランスクリプトは、その後の状況を書き表したものである。なお、この直前に母親は床に完全に座っていた体勢から立ち上がろうとする体勢に移行している。また、テレビ番組においては、おおよそ16行目と同じタイミングで、「時刻は7時55分になりました。鉄道の情報です」という音声を確認でき、番組のコーナーが終了している。

　　例5.7　31：55〜32：29
　　1　　　母親：体操選手じゃなくても出来るんじゃないの
　　2　　　《長女と父親が視線をテレビから外す》
　　3　　　《父親は工作を開始》
　　4　　　次男：フラットミエタ　フラットミエタ
　　5　　　《母親が立ち上がり画面右下に移動》
　　6　　　長女：まだ何か（　　　）
　　7　　　《次男がベンチを通り父親のいる場所に移動》
　　8　　　《次男がさらに移動して長女前に座る》
　　9　　　《長男が上半身を起こす》
　　10　　長男：パパ出来た？
　　11　　《長男が立ち上がる》
　　12　　父親：出来たよー
　　13　　《長男が父親のところに移動》
　　14　　父親：（　　　）
　　15　　《長男が小上がりの上に上がる》
　　16　　《長男が次男の後ろを回り工作物の前に座る》
　　17　　長男：よし、できた

　この場面では、特に父親・長女・次男・長男の4人が工作活動にいかにして復帰しているのかという点について注目したい。ここでも先ほど参照したマルチアクティビティに関する研究が参考になる。マリカ・スティネン（2014）は、人々によってある活動が行われている中で、別な活動が発生した後、どのように最初に行っていた活動に戻ることが行われるのか、分析している。それによると、ある活動への復帰は二つのフェーズに分かれる。一つは、参与者が適切な復帰の瞬間について協働的かつ多様に交渉する「交渉的なフェーズ」であり、もう一つは参与者が成功裏に保留されていた活動に復帰する「復帰のフェーズ」である。

　スティネンは具体例として、ボードゲームを遊んでいる最中に生じた雑談などから、ゲームへの復帰が行われる相互行為を分析している。まず、対立する活動を協働的に終了させ、さらに対

図5.8　母親が立ち上がり→次男が移動し→長男も移動する

立する活動から復帰すべき活動へ参与するように身体を志向することが行われる。例えば、ゲームのプレイヤーは、視線をゲームに向けたり、ゲームで使用する道具を操作することなどにより、「交渉的なフェーズ」でゲームの再開に適した有利な状況を創り出していた。そして、実際の「復帰のフェーズ」では、発話（ゲーム再開を促す声がけ）などにより実際にゲームが再開されていた。

　この点を踏まえて、データを参照する。まず、2行目と3行目で、長女と父親がテレビから手元へと視線を移動し、工作活動に復帰する。次に、5行目で母親は立ち上がると、リビングの入口へと移動して部屋から出ていく。母親のテレビ視聴はこれで明確に終了となったことが理解される。7行目で次男はベンチを通り、父親のところに移動する。8行目で長女の前に座る。次男は小上がりに移動し、座るという身体的な活動によって、工作に復帰する状況をつくり出している。同様に、9行目において長男も上半身を起こし、父親に対して10行目で「パパ出来た？」と質問する（図5.8）。この質問はテレビ番組の内容に関することではなく、工作の進捗状況について尋ねるものであると解釈できる。その後、11行目から17行目において、長男は小上がりの上に上がると、工作物の前に座り、「よし、出来た」と発話する。この時点で家族全員がテレビ視聴に志向することを停止し、父親・長女・次男・長男は、工作という活動に復帰したといえる。

　このように、家族によるテレビ視聴の終了と、別な活動への移行も、一瞬で同時的に行われる行為であるというよりは、上記のようなプロセスを得て少しずつなされていくものであることがわかる。

おわりに

　本章では、いわゆる「ながら視聴」の実態に迫る形で、家族全員によるテレビの共同視聴の様相を考察した。冒頭で示した三つの問いに対する回答は以下のようなものになる。

　「①テレビの共同視聴において、何が行われているのか」、という問いに対しては、家族による

テレビの共同視聴においては、必ずしも視聴のみが行われているのではなく、会話などの、様々な相互行為が行われている、という点が指摘できる。

次に、「②テレビの共同視聴は、いかに開始されているのか」という問いに対しては、明確な開始は必ずしも存在しないことが明らかになった。今回の事例では、最初からテレビがついていた状況において、長男が関心を寄せ、テレビに近づいて、その前に立つという手順により視聴が開始されていた。

最後に、「③テレビの共同視聴は、いかにして終了されているのか」という問いに対しても、②と同様に明確な終了は必ずしも存在しないことが示された。今回の事例では、開始と同じく、言語や身体を用いた行為の中で段階的にテレビ視聴に参与していた参加者が視聴から離脱するという手順を経て終了された。

また、リビングルームにおける空間的・物理的条件が、父親と長女が工作を続けながらも、テレビ視聴に関与することを可能にする配置となっていた。

ここで紹介した家族によるテレビ視聴は、一つの事例である。実際には、昔からの「家族の団らん」のように、ある時間にテレビを見始めて全員が集中して視聴して、番組終了と同時に終わるという場合もあり得る。だが、いずれにしても子どもとテレビのあり方について考えるためには、本章で明らかにした、現代社会におけるテレビ視聴の様相も前提にして考えていく必要があるだろう。なお、現代社会における機器としてのテレビの使用は放送受信だけでなく、YouTubeの視聴、コンシューマーゲームでの利用など幅広いが、それらについても別途検討が必要であることを付記したい。

［参考文献］
BPO・青少年委員会　調査研究班　2007『今、テレビは子ども達にどうみられているか——小中学生 36 人インタビュー＆アンケート調査　報告』放送倫理・番組向上機構
（https://www.bpo.gr.jp/?p=3866　2020.12.25).
團康晃　2018「話すこととのむことの相互行為分析——マルチアクティヴィティの観点から」『ソシオロゴス』42、ソシオロゴス編集委員会 : 18-36.
Goffman, Erving, 1963, *Behavior in Public Places: Note on the Social Organization of Gatherings*, Macmillan Publishing（＝丸木恵祐・本名信行訳　1980『集まりの構造——新しい日常行動論を求めて』誠信書房）
Haddington, Pentti, Tiina Keisanen, Lrenza Mondada, and Maurice Nevile, 2014, "Toward Multiactivity as a Social and Interactional Phenomenon," Pentti Haddington, Tiina Keisanen, Lorenza Mondada and Maurice Nevile eds, *Multi Activity in Social Interaction: Beyond Multitasking*, John Benjamins Publishing Company, 3-32.
橋元良明編　2016『日本人の情報行動　2015』東京大学出版会
井田美恵子　2004「テレビと家族の 50 年——"テレビ的"一家団らんの変遷」『NHK 放送文化研究所年報 2004』111-144.
北村智・森康俊・辻大介　2016「情報行動の全般的傾向」橋元良明編『日本人の情報行動　2015』東京大学出版会
小林義寛　2003「テレビと家族——家族視聴というディスクールをめぐって」小林直樹・毛利嘉孝編『テレビはどう見られてきたのか——テレビ・オーディエンスのいる風景』せりか書房
串田秀也・平本毅・林誠　2017『会話分析入門』勁草書房

Neuschütz, Karin, 1980, *Leka, Leva Eller Teva*, Robert Larson, Sweden（＝寺田隆生訳　2001『テレビを消してみませんか？──シュタイナー幼児教育の遊ばせ方』学陽書房）

NHK 放送文化研究所編　2020『現代日本人の意識構造［第九版］』NHK 出版

尾木直樹　2004『子育てとテレビ新事情』新日本出版社

Sacks, Harvey, Emanual A. Shegloff and Gail Jefferson, "A Simplest Systematics for the Organization of turn-taking for Conversation" *Language*, 50(4): 696-735.（＝西坂仰訳　2010「会話のための順番交代の組織──最も単純な体系的記述」『会話分析基本論集──順番交代と修復の組織』世界思想社 : 7-156.）

斎藤健作　2011「視聴者は朝どのようにテレビを見ているのか──主婦に対するデプスインタビュー調査より」『放送研究と調査』2011 年 1 月号、NHK 放送文化研究所 : 30-47.

Sutinen, Marika, 2014, "Negotiation Favourable Conditions for Resuming Suspended Activities" Pentti Haddington, Tiina Keisanen, Lorenza Mondada and Maurice Nevile eds, *Multi Activity in Social Interaction: Beyond Multitasking*, John Benjamins Publishing Company, 137-165.

湯浅正敏編著　2020『メディア産業論──デジタル変革期のイノベーションとどう向き合うか』ミネルヴァ書房

［参考 URL］以下のページより、2013 年 8 月 3 日の『おはよう日本』を検索

https://www2.nhk.or.jp/archives/chronicle/pg/page010-01.cgi?keyword=%E3%81%8A%E3%81%AF%E3%82%88%E3%81%86%E6%97%A5%E6%9C%AC&st=1&year_1=1993&month_1=01&day_1=01 （2021.2.15）

第6章
「画面」がある家庭の光景

家族関係への「割り込み」から「一緒」の楽しみとして

是永　論

はじめに

　本章では、家庭の中でのスマートフォンやタブレット端末などのいわゆるICT（情報・コミュニケーション機器）の利用について見ていく。家庭の中でのスマートフォン利用というと、一般に問題になるのが、家族と食事中に、子どもが利用に夢中になるあまりに画面から目を離さないために、食事や会話がおろそかになるといったことがある。以降ではこの例に見られるような、食事や会話といった家族関係の場面を中心に考えて、ICT利用がその中に「割り込んでくる」問題も取り上げるが、本章で考えるテーマは、そうした問題のある状況に限定するのではなく、ICTが家族関係を促進するような効果なども含めて、もう少し視野を広げて見ていくことにしたい。

　そこで本章では、ICTが家族関係に対して持つ役割を、ただ「役に立つ（よい）」とか、「阻害となる（悪い）」といった漠然としたイメージからではなく、それぞれの家庭の場面でICTを位置づけるワークがどのように組織化されているか、という視点から、人々の行動の観察によってICTの位置づけを考える。この視点からすれば、家庭にいる人々が、スマホ画面でのオンラインゲームの内容を「すごい」と発言しながら共有することなども位置づけ方の一つに入る。その一方で、ICTそのものではなく、ICTのゲームをきっかけに家族で一緒にトランプをするなど、画面以外の行動と関係づけることも、家庭における位置づけ方として見ることができる。本章ではむしろこうした位置づけ方から、単純に「よい／悪い」だけでは尽くせない、家庭におけるメディアの意味を見ていこうとする。

　また本章では、もう一つの視点として、ICTの利用が主に「画面を見る」という形で行われていることにもあらためて注目したい。この視点からすれば、すでに過去半世紀以上の間、大半の家庭ではテレビによって「画面を見る」という作業が行われてきたといえるし、そこから第5章にあるテレビの共同視聴と共通して考えられる点も多い。しかし、テレビ視聴として画面を見る場合は、見る人によりほぼ同じ場所で同じような姿勢が取られるのに対して、ICTの場合は、スマホに代表されるように、場所や姿勢なども実に様々な形で画面が見られることになる。また、家事の最中に他の子どもから不意に写真を見せられる場合など、状況によっては、必ずしも当人にとって画面を見ることが、その場で自分が目的としている作業（ワーク）と一致しないこともあるだろう。そのようなときに、しばしば画面は「割り込んでくるもの」として位置づけられる。また、一緒の作業として自ら進んで画面を見ようとする時も、相手が見ていたものと、自分が見ていたものが一致していないため、「LINEの返事」や「検索の結果」といった内容以前に、「画面を見ること」そのものを、その場で一緒に行う作業としてお互いに一致させる必要なども出てくる。テレビの場合は、「ながら視聴」として必ずしもその一致度は細かく問われることはないが、

ICTを一緒に見る場面では、そうした「適当な見方」が許されないことも多い。

そこから本章では、家庭にいる人たちがICTを利用するときに、それまでの姿勢や行動の経過をどのように変化させながら、「画面を見ること」を共同のワークとしていかに組織化しているのか、ということについて考えていく。このとき、それぞれの場面について「画面を見る」ことは、ただ視線を送るといった表面的な形式としてではなく、しばしば「家族」としての関係の中に積極的に位置づけられる形で実践される。例えば、本章で実際に見ていくように、タブレットの画面によって家族で訪ねた場所をネット上の地図で見るとき、画面を見ることは、家族としての「記憶をたどる」ことにもなる。この場合、地図を見ることは、「訪ねた場所」を中心とした記憶について組織化される必要があり、その方法は、評判のいいレストランをネット上で探す場合などと大きく異なった、独自の特徴をもつ。こうした家族における特徴を考えることがなければ、人々が実際に経験している形で行動を把握することは難しく、その部分を漠然なものにしてしまうと、ICTやそれに関わる行動の見方もまた漠然とした浅いものになってしまう。その意味で、ICTの利用について「画面を見ること」の組織化から考えることは、家族で行われている習慣的な行動など、実状に即した特徴から、いわば"経験の厚み"をもってICTのあり方を考えることにもつながるだろう。

 ## 1 家庭におけるICT：「割り込み」としての意味

スマートフォンは現代の日本の家庭で、最も浸透しているICT機器であるとともに、家庭でのICT利用をリードする存在となった。2020年のスマートフォンの個人利用率は81.3％で、2015年の61.7％からさらに上昇しており、これは2020年でのパソコン個人利用率の57.4％（家庭内のみ）、タブレット端末の33.9％に対しても際立って高い（橋元編 2021）。家庭内での利用者動向を推定するために、専業主婦の利用率に限ってみた場合でも、2015年の46.1％から2020年には73.3％と、大きく上昇している。

こうした利用率の上昇の一方で、近年の新型コロナウイルス感染症流行によるテレワークや在宅学習などの機会の増加は、ICT利用と家庭での行動の関係を強く意識させることになった。次に見る例6.1はコロナ禍前のものであるが、コロナ禍以降、多くの家庭で似たような場面が繰り広げられていることだろう。

例6.1　父親は本の内容をパソコンに書き写す作業をしている（次男3歳）

1	次男：パパ
2	父親：ん？
3	次男：あのさ，ケンタ生まれたときからさ，ん：と，こういうのあったっけ
4	ね：パ
5	父親：ん，ん？
6	次男：こういうのあったっけ

7		(0.7)《父親がパソコンから顔をあげて次男の方を向く》
8	次男:	こういうの . とさ: ↑こういうのがあったっけ
9	父親:	ん . 《首を横に振る》
10	次男:	ない？ 《父親うなずく》

《中略》

11	次男:	この , こういうやつもあった？ 《剣のようなおもちゃを見せる》
12		《父親が次男の方を向く》 (1.8)
13	父親:	それはない
14		《父親は再び下に視線を落とす》 (1.3)
15	次男:	《お面を拾い上げて》 じゃ , これは？
16		(0.7)《父親がお面の方に目をやる》
17	父親:	それは: 《下に視線を戻す》 も: なかったよ .
18	次男:	《そのまま同じお面を見せながら》 え: これは？
19		(0.7)《父親は顔を上げない》
20	父親:	《下を向いたまま》ん？
21	次男:	こ↑れ 《お面を父親の顔の先に突き 出す》

図 6.1

22	父親:	うん .
23	次男:	《お面をもったまま少し下がる》これ .
24	父親:	なかった .
25		(1.1)《父親が次男を見ながらうなずくと、お面を下に置く》
26	次男:	《父親再び下に視線を落とす》 じゃ , これは？ 《カーテンをつかむ》

　この例について注目されるのが、21 行目で次男が父親の作業中に見せた「割り込み」で、ICT にまつわる家庭内のトラブルとして多く見なされるものだろう。ここでそのトラブルを扱う前に、この例で繰り返し見られる次男の「これは？」と尋ねる行動に注目したい。3 歳は一般に子どもが言葉の能力を発達させる時期でもあり、周囲への興味から、質問をたくさんする傾向があると言われている。このとき、組織化という点からこの傾向について考えてみると、また違った見方ができる。

　会話を一つの活動として組織化する方法に、連鎖というものがある。これは、一人の話すこと（発話）と、もう一人の発話をお互いに「連なるもの」にすることで、具体的には挨拶や質問といった方法によって行われる。この「しくみ」をもう少し細かく説明すると、挨拶や質問は、その発話と組み合わせられるべき「次の発話」の機会を作り出し、実際にその発話を担う役割を相手に求めることができる。

　序章の例 0.1 で見た、親子で挨拶を繰り返す例も、このしくみに従っている。特に挨拶は「次の

発話」について、その機会だけでなく、組み合わせる内容も「挨拶」に限定して組織化することになるので、相手の行動をある程度コントロールすることにもなる。例0.1の子どもが親に怒られそうな場面を避けることができたのも、この挨拶の連鎖というしくみに従って親の行動をコントロールしたためである。

　質問の場合、挨拶の場合ほど答えの内容が限定されることはないにしても、ここで重要なのは、質問や挨拶をする者は、この連鎖のしくみにより、相手が発話をする機会を、「何かを話さなければならない」という義務として求めることができるということだ。このしくみの前では、子どもも大人も同じ資格をもって相手に義務を求めることができる。特に子どもの立場からすると、大人（保護者）からの言いつけなどとして、普段は一方的に何かを「言われる」状況から、反対に自分から大人に対して「言わせる」ことができる状態を作り出すため、大人を自分側の行動に引き込んで操作するような「楽しみ」をもたらすことにもなる。この点で、例6.1で次男が3行目でなされた質問を延々と繰り返しているのは、連鎖のしくみから親を自分の行動に引き込む楽しみとして行っているものと見なせる。また、次男の15行目での質問が18行目で同じように繰り返されているのは、父親が17行目で質問に連鎖する発話を作り出している最中で、画面を見るために視線を下に戻してしまうことで、その「答え」としての連鎖が完了していない（質問にきちんと答えてない）と見なされたためであると考えられる。

　ここで家庭内でのICT利用という視点に立ち返ると、この例6.1は、冒頭に示したスマホによって食事中の会話がおろそかになる例と同じように、ICTが家族の会話に「割り込んでくる」例として見ることができる。このように保護者がICT画面を閲覧することによって、子どもとのコミュニケーションに悪影響が生じることは、海外では「テクノロジーによる妨害」という意味で、「テクノフェレンス（Technoference）」と呼ばれている。実際の国内における調査でも、子どもとの活動や会話中に「情報機器に気がそれてしまう」経験は、スマートフォンを利用する母親の77.3%にのぼっている（久保隅・橋元2020）。

　しかし、実際に在宅勤務などの必要から家庭内でICT機器を操作する側にとって、例6.1は「テクノロジーの妨害」としてもう一つの意味を持つと考えられる。つまり、パソコンで行っている仕事が、子どもからの質問でたびたび中断することが「妨害」となる。この問題は、パソコンが画面への視線の集中を必要とする道具であることを考えると、それだけパソコンの利用では周囲からの「妨害」に敏感にならざるを得ないという、機器に固有の問題が指摘できるかもしれない。

　これに対して、会話での質問による組織化という視点を取り入れると、この「妨害」の問題は、ICTそのものの問題というよりは、発話が「連なるもの」として作り出されているという、連鎖というしくみがもとになったICTの「割り込み」の問題として見ることもできる。というのも、もし例6.1での子どもの発話が質問という形で出されなければ、父親が子どもの発話の途中でパソコンに向かって「何も発話をしない」ことは、とりあえず問題にはならないとも考えられるからだ。

　そこから逆に、この例での発話がもし「質問という形でなかったら」といった視点で問題を考

えることの可能性が指摘できる。こうした可能性を抜きに、ただ家庭内でパソコンを使っているのが悪い、あるいは仕事中に話しかける子どもが悪い、などといっても、そうした指摘さえすれば、問題に対する何かの解決になるだろうか？

　すなわち、会話の組織化という点から見てみることで、ICT にまつわる問題をとらえる視点が広がる可能性がある。それでもなお「妨害」に取り組むことは決して簡単なものではないが、家庭では「家族と一緒にいること」が常に前提となる以上、その視野のもとで状況に対応する手がかりを考えることが必要である。

 ## ゲームをめぐるやりとりに見る「割り込み」の調整

　この節では、以上で確認されたような「割り込み」について、一つの場面を詳しくみていくことで、実際にその調整がどのようになされているのかを検討したい。

> 例6.2　長女が食卓テーブルにスマホを置いてゲームをしている（長女 10 歳）
> 1　　母親：ねえミエ, ちょっとこっちの大きな画面でやって
> 2　　　　（1.0）《母親がタブレットをもって長女の方に向かう》
> 3　　母親：携帯でやんないで
> 4　　　　（4.7）《母親がタブレットを操作し、長女の手前の椅子を引く》
> 5　　長女：てか：何て書いてあるの
> 6　　母親：（　）《椅子を引いて座る》何であがったいま？
> 　　　　　《中略：母親の説明を聞きながら長女がゲームの操作を続ける》
> 7　　母親：それ終わったらこっちでやって（どっちにしろ）小さい画面いやだから
> 8　　長女：う：ん
> 9　　母親：（2.5）《次男の方に》あの：宿題終わったらちょっとこっち持ってきて

　例 6.2 ではスマホ上で長女がゲーム（トランプの大富豪）をしているところに、母親が同じゲームを設定したタブレットを渡して、ゲームをする「画面」を切り替えることを勧めている。具体的には 1 行目でタブレットを「大きな画面」とし、7 行目でスマホを「小さな画面」と呼んで区別しながら前者への切り替えを示している。

　以降に続く同じ場面の分析との関連から、先に指摘しておくと、ここで「大きな画面」に替えることは、まず、操作している長女の側にとっては、周囲の人に対して自分が画面上で操作している状況を共有させやすくなり、周囲にいる母親や次男にとっては、その操作に対して何をしているのかを知ることを含めて、関わりやすいというメリットをもたらしている。またそれに関連して、母親が設定を含めてゲームの内容に関わり、「小さい画面」でなくても同じことができる、ということを長女に理解させていることも重要である。こうした前提がなければ、それぞれを「画面」の違いとしてだけ示すことは難しくなるし、母親が長女のゲームに対して関わりを持つこ

と自体にも支障が生じるだろう。

　以上をまず確かめた上で、同じ場面で続くやりとりを見ていくことにしよう。

　例6.3（例6.2の後）母親は次男の宿題をチェックしている。次男は離れた場所で遊ぶ。
10　母親：《次男の方を向いて》タイチくんが出てきたね.
11　　　　(1.5)《長女が画面から顔を上げる》
12　長女：よし::
13　　　　(0.7)
14　長女：へ:[い（みん　　）
15　次男：　[タイチくん出てきた《母親の横
　　　　　　に移動してくる》
16　長女：二番目ってなあに？
17　　　　(0.5)《母親が長女の方に顔を向ける》

図6.2

18　母親：富豪じゃない《ドリルの方に顔の向きを戻す》
19　次男：[タイチ]く:ん　《少し身を乗り出してドリルをのぞき込む》
20　長女：[富豪か
　　　　　《中略　母親が間違いを指摘し問題を
　　　　　読み上げる》
21　母親：コアラが[十匹多い
22　長女：　　　　　[どうやるの？
23　　　　(0.8)《母親が長女の方に体を傾ける》
24　母親：あ,つぎの《指をさす》ゲームでいい
　　　　　んだ。そのま(　)じゃない,じゃい
　　　　　い,ラウンドワン

図6.3

右手で指さす

　続く例6.3で母親は画面の左側に少し移動して長女から離れ、長女の方には特に関心を払わない
で、次男の宿題のチェックをしている。ただし、この作業も一人で行うのではなく、10行目のよ
うに宿題に出てくる人物の名前（タイチくん）を話題に、少し離れた場所にいる次男に話しかけ
るなど、共同で見るように誘っている。
　その一方で、長女は10行目まででスマホの操作を一通り終えると、画面から少し体を離し、15
行目でちょうど次男が母親に話しかけるタイミングと同時に16行目で母親にルールについて質問
をする。この時点で、それまで特に長女の方に関心を払わなかった母親も、長女が「質問」と
して発話を組織化したために、次の発話として長女に向けた答えを発する必要が出てくる。しか
し、同時に15行目で、母親の横まで移動してきた次男により始められた会話は、10行目で母親
が次男に話しかけたことに対応して行われているため、次男と母親のやりとりも続いている状態
となっている。

このとき、母親は17行目で顔だけを長女に向けて（図6.2）、18行目で口頭で簡単な返答を与えるとすぐに次男と一緒にドリルの方に向かい直し、次男とのやりとりを持続可能な状態にする。

　その後、21行目まででドリルの問題について次男に話をしていた母親に対して、22行目からようやくタブレットの操作に取りかかり始めた長女は、「どうやるの？」という発話を、母親の次男に対する発話に重ねる。この質問に対して、母親はそれまでの次男との会話を続けることはなく、右手で画面を指しながら（図6.3）、ゲームの説明を開始し、発話を長女の質問に対する答えとして組織化する。

　例6.3の状況では、機器を操作しているのは長女で、その操作がきっかけとなって、母親と次男の作業に対して「割り込み」をする形となっている。この「割り込み」に対して、17行目と23行目からの母親の対応がそれぞれに組織化としての特徴をもっていることが注目される。つまり、それぞれの長女からの質問に対して、17行目では、母親は長女を少し見るだけで、口頭で簡単な返答を組織化している（図6.2）のに対して、23行目からでは、長女の方に体を傾けた上で、手による指し示しの動作も加えながら、非常に詳しい返答を組織化している（図6.3）。

　このような特徴の違いについては、例6.3で母親と次男による学習の作業中に、長女のゲームに関する質問がなされる場合のように、**ある作業が行われている場面で、その作業とは別の質問として「割り込み」がなされた場合への対応の切り替え**としてみることができる。例6.3でいえば、ルールの説明など相手の質問が簡単に対応できる場合は、顔だけを向けて口頭で簡潔に対応し、操作方法など複雑な質問の場合は、体の位置全体を変え、画面の操作も交えながら、詳しく答えるという切り替えである。

　この切り替えには、母親が長女と次男それぞれに対して位置している場所も重要な意味を持つ。この場所において、母親から見て左側は次男との作業（ワーク）の空間、右側は長女との作業の空間という棲み分けから、母親がどちらを向いているかで、その時点で母親が関わる作業が示される形となる。それにより、ある作業の「割り込み」に対応しながら、それまでの作業を保留するという状態が、それぞれの立場から参加しているものにとって理解しやすくなる。このような状態は「F陣形」と呼ばれ（坊農2009）、F陣形をとる人々の間では、それぞれの前方に広がる空間が「操作領域」となり、その領域の重なりを調節することが、その場での作業を組織化する方法となっている。

　最後に例6.3に続く、このゲームをめぐる母親と長女のやりとりの最終場面を見た上で、全体をまとめて考えてみよう。

例6.4（例6.3の後）長女がゲームを続けている
1　　　　　《電子音》
2　　長女：見て:《顔を上げる》（だい　　　）がさあ:
3　　　　　(0.5)《母親が画面に近づいてのぞく》
4　　母親：終わり？
　　　　　《中略》

5	長女：まだこの辺が（わからない）
6	母親：じゃあ今度タツヤ帰ってきたら本物のトランプでやろう
7	母親：《長女うなずく》うん
8	長女：ママ [もね
9	母親：　　[こればっかりではやんない
10	(1.0)
11	長女：ママもね？
12	母親：うん

　この節での一連の場面の観察では、母親を中心に、長女と次男それぞれと取り結ぶ関係の調整について見てきた。そのため、ゲーム機器の利用が家族関係に対して、直接のトラブルとなる場合とは少し異なるが、そうした場合への対応について手がかりとなることを踏まえつつ、組織化としての特徴を確認しておこう。

　このとき、この場面で長女が操作しているゲームは、母親がすでに知っているものであり、母親が操作を主導する立場にいたことがまず注目される。もしゲームが母親にとって全く知らないものであったとしたら、それに関する質問や会話は、聴く側にとっては初めから煩雑なものになるだろう。これに対して、例6.3の18行目で見たように、母親は長女からの質問について、口頭で簡単に対応することができていた。このことから、ゲームが家族関係のトラブル源となると考える前に、まず家族といる間で、どういうゲームをするのがよいかという選択を検討する必要が示される。

　一方、母親は長女とゲームについてやりとりをするとき、「大きい画面」を指定して機器を交換し、その上で画面の上を指さすなどして、操作に深く関わっていた。大きな画面の使用は、母親にとっては、次男との会話など、他の状況が進行しているときに、長女とのゲームをめぐるやりとりを開始しやすいものとし、長女の側にとっても、すぐにゲームの内容に踏み込んだ説明を可能にしていると考えられる。このことには例6.2で確かめたような「大きな画面」での情報の共有のしやすさが関連する。つまり、「小さい画面」では、画面で何をしているのかの理解に始まり、見ていることを共有するための組織化も独自に必要となるが、その手順がかからなければそれだけ、ゲーム以外の状況との切り替えもスムーズになるだろう。このような切り替えのスムーズさには、F陣形という空間での配置も関係してくる。

　以上について確かめられる、母親による関係の切り替えのスムーズさは、「割り込み」にともなう負担が少ない状態でもある。こうした負担は、ゲームが他の家族にとってどういうゲームであるのか、ゲームをする場所が他の家族に対してどういう位置にあるのか、といったことによっても変わってくる。近年のゲームはスマホに加えて、専用ゲーム機なども「小さい画面」のため、手軽にどのような場所でも始められるのが利点でもあるが、ゲームを始めるにあたっては、こうした「小ささ」がもたらす、「割り込み」にともなう負担の大きさなどを考慮する必要があるだろう。

上のような「割り込み」についての検討に加えて、例 6.4 は画面上のゲームに対して、次節で見るような家族関係との結びつけ方をどのように行うかについても、ヒントを示している。例 6.4 の6 行目から、母親は長男と一緒に「本物のトランプ」でゲームすることを示し、画面上「ばっかりでやらない」ことを提案している。長女もこれに同意して母親も参加することを加え、家族でゲームをすることに関心を向けている。このような展開もまた、この場面で選ばれているゲームが（画面以外での）「本物」との関係を持つ種類のために可能なのであり、その意味では、個人でしかできないゲームは、リビング以外で周囲と離れて行い、こうした家族との関係性をもつゲームを選んでリビングでのプレーを促すという対応も考えられる。

③ 家族関係との結びつき

　この節では、前節での次男との会話から長女とのゲームについてのやりとりに移るような、ある状況から別の状況への「切り替え」という点について、観察データから詳しく見ていく。それとともに、この場面で行われている「画面を見る」という共同の作業が、家族にとって共通した「記憶」をたどる作業になっていることに注目し、それが組織化される様子を検討する。そこから、画面を共同で見ることが一つの作業として深められていくことにより、ICT 利用が家族関係と結びつけられる過程について確かめていきたい。

図 6.4

例 6.5（長男 10 歳）

1	長男：パパ見てて 《長男が上体を起こす》
2	父親：ん：
3	長男：《父親の方に向いて》東京ドームのあったよ
4	（1.4）
5	長男：入れるんだよ《画面の方に視線を落とす》
6	（7.1）《父親が体の向きを変える》
7	父親：お [:
8	長男：　　[見て．この上に中に入れるんだよ．
9	（3.8）《長男がタブレットの操作を続ける》
10	長男：あ↑れ
11	（4.0）《長男がタブレットの操作を続ける》
12	長男：（　　　）のはずだったんだけど
13	父親：お：すごいね：

図 6.5　身体ねじり

　例 6.5 では父親が食卓で読書をしている後ろで、長男が床にタブレットを置いてネット上の地図（グーグルマップのストリートビュー）を見ている。野球が好きな長男は、球場を検索していたところ、その内部が見られることに気づき、それを父親に教えるために、1 行目から話しかけ始め

る（図6.4）。2行目で父親は「ん:」と言ってその呼びかけに答えるが、本から特に目を離さずに3行目まで同じ姿勢を保っている。3行目で長男はさらに詳しく場所を特定して伝えるが、やはり父親が体勢を変えないので、4行目の沈黙の後、画面に視線を戻そうとする。ここでようやく父親が体勢を変え始め、図6.5のように近づいて画面を見始める。

　この場面では、例6.1での父親のパソコン作業に対する次男の話しかけのように、父親の読書作業に対する長男の「割り込み」が生じており、父親はすぐに長男に対応できない状態になっている。このタイミングの遅れは、読書という集中を要する作業の特徴に加えて、父親に対して長男のいる位置が後方で、例6.3と異なり、父親による「操作領域」の外部にいることによるとまず考えられる。

　その上で、6行目の父親の体勢に注目すると、下半身がテーブルの方に向けられ、また本とともに片手がテーブルに置かれたままで、上半身が半分ねじられた状態になっている（図6.5）。このような上半身と下半身の向きの違いによって生じる体勢は「身体ねじり」と呼ばれている（坊農2009）。この身体ねじりは個人が自分の操作領域を調整するときに用いられるが、それには次のような意味があるという。それは、人の下半身が向いている方向が、その人が主要に関わるべき作業（この場合は読書）の位置を示し、上半身が向いている方向は、主要な作業に対して二次的な位置をもつ作業であることが示されるというものだ。

　そのため、こうした身体ねじりが生じる場合は、その人の作業の「切り替え」が完全には行われていないことになる。それは、二次的な作業が簡潔に終わるといった予想のもとで行われていることに加え、周囲に自分が主要に関わる作業があることを示すという、身体ねじりの意味的な働きにもよる。

　この例における実際の父親の反応について見ても、最初の7行目における反応と、長男がさらに操作を続けた後の13行目の反応に大きな変化はなく、会話の組織化としても、長男から見せられたものに対して単純な評価を与えるという形で、それを積極的に展開させている様子ではない。そのことは、この時点で長男とタブレットを見ることが二次的で簡潔に終わるものとして位置づけられていることを示している。

例6.6（例6.5から1分後）

14　父親：う:ん外側は（はい）

15　　　　（1.3）《長男が画面を操作》

16　父親：へ:↑え. すごいね:: （1.9）行かなく
　　　　　ても , あれだ:

図6.6

17　　　　ある程度わかっちゃうね.《食卓に向かう》

18　長男：あ . このへん前タツヤたち座ってたと
　　　　　こだ.

19　父親：ふ:ん

20　長男：（もうちょっとこっちだったかな）

21　　　　　（0.5）《長男が画面をスクロール》

22　　長男：画面 [（　　）]

23　　父親：　　　 [この間は]:: この辺《指さす》

24　　　　　 じゃなかったっ [け.

25　　長男：　　　　　　　　　 [この辺？《画面を操作》

26　　父親：う：ん（1.7）

図 6.7

　例 6.6 でも、長男がしばらく操作を続けるのを見た後で、父親は 16 行目で先の例と同じような形で簡単に評価を与えるだけで、17 行目では体の向きを戻して読書を続ける体勢に入ろうとする（図 6.6）。これに対して、18 行目で長男は、父親も含めた「自分たち」が前にその場所に座っていたという発話をすることで、地図（写真）を画面でただ見る作業を、共同での記憶をたどるための作業に変化させる。このとき、長男は発話を開始する前に、「あ」という発声をしていることが特徴的である。このような発声は、「反応的な声」（是永 2017）と呼ばれ、自分が関わっている状況の変化を周囲に示すためになされるもので、この場合は、まず父親が 17 行目で画面を見る共同作業を終了しようとしているのに対して、作業を続けるべき条件が現れたことを知らせる意味をもつ。それとともに、この反応的な声は、長男がこの場で「記憶」をたどることを、父親に共同の作業として示すきっかけとなっている。

　こうした変化により、これまで父親が見せていた画面を見る作業への関わり方も、それまでに繰り返されていたような、簡単な評価を与えるものから変化している。父親は 18 行目でいったん手にした本を食卓の上に置き、ふたたび画面の方に向くと、体を画面の方に近づける。その上で、23 行目では、右手で画面を指さすことにより（図 6.7）、共同で記憶をたどる作業として、画面を見ることにより深い関わり方を見せている。

　このように 18 行目の時点で、長男が画面から「自分たち」の記憶をたどる作業を示したことは、ICT が家族関係と結びつく意味で重要であるだろう。つまり、この場面で画面を見ることについて、単なるネット上の地図機能の「すごさ」の確認に終わるのではなく、そこにかつて「自分たち」がいた場所を探すことにより、家族として共有した知識をもつものだけが関われるような独自の作業を通じて、家族関係との結びつきがもたらされている。このような結びつけ方は、例 6.4 のように保護者からの提案によってなされることが多いが、この場合は子どもから提示されており、その提示をすることが、長男にとって父親との関わりを持続する方法にもなっている。

　このように共同での作業の組織化は、必ずしも保護者の方が先導して行うだけのものではなく、子ども自身が手近な手段をもって進めることがある。例 6.6 は、例 6.5 からの父親による単純な反応の繰り返しのように、親における組織化が簡潔に終わってしまう場合に、子どもの方から積極的に組織化を働きかけをしている例として見ることができる。

　この点について、例 6.1 にふたたび戻ってみて考えてみよう。この例では、リビングにあるものについて、自分が生まれた時にすでにあったものなのか、という質問を次男がしていたのだが、15 行目で取り上げたお面について、17 行目で父親は「なかった」という返答をして、次男の質問

に対する組織化を完了しているように見える。しかし、それにもかかわらず、次男は 18 行目で同じお面を見せて、もう一度「これは？」と聞き返すように尋ねている。会話におけるこうした聞き返しは、「修復の開始」（黒嶋 2016）として位置づけられることがある。聞き返しは、質問した側が直前に行われた返答に対して、「問題」があったことを示すものであり、返答をした側は、その聞き返しについて、その問題に対応すること、すなわち「修復」が求められる。このような聞き返しはまた、応答自体の適切さとともに、「応答することへの責任」を相手に対して求める働きをする。こうした聞き返しについては、子どもが言葉を正しく発音しているか親が確かめる場合のように、保護者が教育的な機会として子どもに対して行うことが一般に多いとされるが、この例では次男が父親に対して、きちんと答える責任を求めているように見えるのが特徴的である。むしろ、次男はふだんから親にされているような「責任の追求」の仕方を、そのまま取り込んで場面の中で実践しているのかもしれない。

　それでは 17 行目における父親の応答は、それまでの応答と比べて、責任を追求されるような「問題」がどこにあったのだろうか？　その手がかりとなるが、応答をする時の父親の視線の位置である。つまり、それまでの 9 行目や 13 行目での応答では父親は次男の方に視線を向けて応答していたのに対して、17 行目では応答の途中で視線を下の方に戻してパソコンでの作業に復帰しようとしていた。そのために、次男はこの応答について、質問の対象となっているお面を、実は父親がよく見て答えていない可能性をもって、18 行目での質問での「修復」として要求し、さらに 21 行目では、そのお面をよく見るように父親の前に突き出して「責任」を求める組織化をしているようにうかがえる。

　そこから、保護者の立場にいるものは、子どもから共同の作業を組織化するようなきっかけを、むげに遮断したり、無視することのないように、子どもとのやりとりに関わる意識を持つことも、親子のコミュニケーションを深める意味で必要であるだろう。

「一緒に見ること」の組織化

　最後となるこの節では、これまでの「割り込み」から少し視点を変えて、家庭内での ICT の利用として画面を「一緒に見ること」がどのように組織化されて、それが家族で行われている行動についてどのような意味をもたらすのかについて考える。

　例 6.7　長男（9 歳）は床に座ってタブレットで検索している。母親は手前の台所にいる。
1　長男：《タブレットから電子音に続いて》　プロ野球. 球団. マーク.
2　　　　（6.0）《長男が床の画面を見ながら何度か膝を叩く》
3　母親：何いい感じで出てきた？
4　　　　（4.2）《母親が台所から移動して長男の前に立つ》
5　母親：お：いいじゃん
6　長男：[でもこれすごい難しい

```
 7    母親 ：[(          )
 8    母親 ：これだ帽子が
 9         (1.9)《二人で画面をのぞき込む》
10         帽子って結構簡略化されてるでしょう
           マーク (1.3)
11    母親 ：ここでしょ.《画面をのぞく長男の頭
           を指さして》ここのところ。
12         (0.7)
13    長男 ：これって
14    母親 ：あ：それね：
15         (1.7)《長男が体を少し起こす》
16    母親 ：だったら 《画面を指さす》 これも
```

図6.8

　例6.7は長男が工作の資料をタブレットで検索している場面である。野球が好きな長男らしく、図案にプロ野球の球団のマークを使うために、1行目では音声認識を使って検索語を入力している。この前の場面で、長男はこの検索語についてキッチンで作業している母親に相談をしていた。そのため、母親は2行目の長男の様子から検索結果が出たところを見計らって、特に長男から話しかけられる前に、3行目で検索の結果について尋ね、4行目ではキッチンを離れて長男の前に立って直接に画面を見ている。そして、5行目で結果を評価しながら、さらに長男が検索を続ける画面の様子を見続ける。6行目で帽子についているマークが画面に表示されたところで、「これだ」という発話により見るべきものを特定し、10行目でユニフォームの帽子で使われているマークが「簡略化されている」という点で、工作として作りやすい図案であることを勧めているように見受けられる。このとき、母親は11行目で、その図案が実際にどこに使われているものであるかを、長男の頭を使って示す動作をするのが特徴的である（図6.8）。

　ここで一般の会話について指摘されている傾向を参照すると、いわゆる「いい知らせ」のような、会話の中で重要とされる情報を伝えるとき、その情報については、会話に参加する者の間で「より詳しいものにする」（精緻化）という作業が共同でなされる。例えば「いい知らせ」としての出来事を伝える場合、その情報を受け取る方は、「いつ？」「誰と？」といった質問を続けることにより、その情報を精緻化させるように会話を組織化する。同時に、このような精緻化の作業は、その出来事が参加者全員にとって、それだけ重要なものであるという、いわば「価値づけ」の意味をもたらす。さらにこの出来事が、それを伝える者にとっての名誉を高めるような場合は、「こんど賞をもらったんだって？」といった会話の開始などによって、周囲の者がわざとその情報を本人から「誘い出す」ような形で精緻化し、本人自体の「価値づけ」を示そうとすることなども行われる（岡田2007）。

　例6.7の場合でも、母親は長男による検索の結果に「価値づけ」をするために、さらに長男が検索を続ける作業に加えて、こうした精緻化を行っているものと見なせる。もともと検索の結果

とは、様々な情報の羅列として表示されるため、そこで何を「見るべきもの」とするのかは明確ではないし、時には検索語自体の問題から、結果自体が見るに値するかどうかという場合もある。このときに、検索の結果としてある情報を精緻化することは、その情報に「価値づけ」をしながら、さらにそれに関わる情報を加えていくことを方向づけていく。特にこの例で、11 行目で母親が帽子のマークの位置を長男の体を使って示す（図 6.8）ことは、一つの精緻化のやり方であるとともに、画面上の情報を現実的な環境（身体）を使って精緻化しているという点でも特徴的である。

その後に続く行動としても、母親はさらに「帽子のマーク」という情報を精緻化するように会話を組織化し、13 行目の長男の指摘を受けて、16 行目で「だったら，これも」と言いながら画面上を指さす形で、さらに情報を付加していく。長男はそこから、いろいろな球団の「帽子のマーク」を探す形で作業を進め、しばらくして母親が台所に戻っても、いくつかのチームの名前を口にしながら母親に検索の様子を伝えていた。

例 6.8 では、26 行目で長男が台所に離れて立っている母親にタブレットを掲げて見せるという、特徴的な行動が見られたが、この行動を焦点に、家族として画面を「一緒に見ること」の意味について考えることで、この節のまとめとしたい。

例 6.8　（例 6.7 から 30 秒後）母親は台所に戻って料理をしている

17　長男：あ、マリーンズは簡単そう．（0.7）

18　母親：エム？

19　長男：うん．（3.4）ほかは無理でしょう．

20　　　（2.8）《長男操作を続ける》

21　長男：あ、タイガース（2.7）ティーと：あれ

22　　　《中略》

23　長男：あヤクルトもできるかも

24　　　《台所にいる母親の方を向く》（0.5）

25　母親：あ：エス、ワイエス？

26　　　（3.3）《長男が母親の方向に図 6.9 の映った画面を掲げる》

27　母親：あ：あ：あ：あ：あ、でも白はないでしょ．

図 6.9

図 6.10

先にも述べたように、この場面で長男は、例 6.7 での母親とのやりとりを引き継ぐ形で、いろいろなチームの「帽子のマーク」を検索し、その図案を使うかどうかについて、母親にチーム名を名指しする形で相談していた。しかし、台所にいる母親は画面が見えないので、その図案を自らの知識からアルファベットに置き換えて、長男が見ている図案を確認するという作業が組織化されている。17 行目の「マリーンズ」を「エム？」といった具合で確かめるように、25 行目の「ワイエス」による質問がなされている。そのために長男は母親が直接に検索結果の図案（図 6.9）を

確認できるように、26 行目で台所に立つ母親に向かって画面を掲げるという行動にいたった（図6.10）と見受けられる。

このような「帽子のマーク」が、この場面での画面を「一緒に見ること」の対象となった経緯をさかのぼれば、そこには母親がこの対象（プロ野球）に関する知識を多く持っていることが前提になっていると考えられる。つまり、「球団のマーク」を検索するといっても、それには球団ロゴや球団旗など、いろいろな種類のマークがあり、ロゴが一般的に複雑なデザインであるのに対して、それを「帽子のマーク」として特定すれば、それらは例 6.7 の 10 行目で言われているように「簡略化」されているため、工作の図案として扱いやすいものを探す手立てとなる。こうした特定の上で、母親は 18 行目からその図案をアルファベット化しながら「見ること」として組織化し、長男も 21 行目でタイガースの「ティー」と発話しながらそれに従って検索を続けている様子が観察できる。

以上から、「見ること」について何らかの「価値づけ」をする場合、精緻化という作業について、おのずと様々な知識が必要となることがまず確認できるだろう。例 6.7 と 6.8 の母親の場合は、「帽子」としての特定に加え、それぞれがアルファベットとして簡略化されているという知識によって、その精緻化が可能なものになっている。また、このような精緻化による価値づけを、子どもがしていることへの評価を示す方法と結びつけて考えることも可能だろう。その点ではこの例での母親は自らの知識を用いながら、長男のしている作業を価値づけて、その方向性を促進するようにしているとも考えられる。これに対して、例 6.5 と 6.6 における父親の評価が「単純」な印象を与えたのは、この精緻化という作業がなかなか展開しなかったことにもよると考えられる（ただし例 6.6 の 16 行目から 17 行目にかけては、「ある程度わかっちゃう」という形での精緻化の試みは確かめられる）。

したがって、子どもをほめるといったことに代表される家族内でのメンバーやその行動の価値づけもまた、こうした情報の精緻化を組織化するなどの作業として考えたとき、単に「すごい」といった感情を一方的に伝えるだけでは届かない領域があることについて、特に価値づけしようとする側（特に保護者）は意識する必要があるかもしれない。

しかしその一方で、ICT の利用はそれ自体が情報を付加する行動でもあるので、そこに展開している情報をきっかけとして、何らかの精緻化をするように組織化する方法も可能ではある。この点で、例 6.6 で長男が「記憶」という情報を使って地図の中にある特定の場所を情報として特化させたのは、一つの手がかりとなるだろう。

おわりに

この章では、家庭での ICT 利用を、家族関係についてより広い視点からとらえるために、会話の組織化、情報の精緻化といった視点から考えてきた。実際に「割り込み」といった事態にどう立ち向かうのかは、結局家庭での実践に任せるほかはないが、少なくとも、「ゲームがあるから悪い」といった発想だけでは事態は変わらない一方で、その事態に向き合うにあたってそれだけの知識や姿勢が重要であることは確かだろう。

［文献］

坊農真弓　2009「会話構造理解のための分析単位」坊農真弓・高梨克也編『多人数インタラクションの分析方法』オーム社、pp.153-202.

橋元良明編　2021『日本人の情報行動2020』東京大学出版会

是永論　2017『見ること・聞くことのデザイン――メディア理解の相互行為分析』新曜社

久保隅綾・橋元良明　2020「育児と母親の情報機器画面閲覧による干渉・妨害」『東京大学大学院情報学環 情報学研究 調査研究編』No.36, pp.243-262.

黒嶋智美　2016「ん？なあに？――言い直しによる責任の形成」高田明ほか編『子育ての会話分析――おとなと子どもの「責任」はどう育つか』昭和堂、pp.77-98.

岡田光弘　2007「ニュースを伝える／受けとる」前田泰樹ほか編『エスノメソドロジー――人びとの実践から学ぶ』新曜社、pp.169–174.

▶▶▶第3部からの気づき◀◀◀

富田晃夫（ミサワホーム総合研究所）

　時代によるテクノロジーの進化、経済環境、様々な情報機器・通信環境やモノが生み出されることにより、個人は場所や時間に縛られず自由が得られるようになった。情報を伝えるメディアやコミュニケーション手段も大きく変化し、近年の情報機器の進化とともに、新聞、書籍など紙媒体が中心だった世界から、テレビ、パソコン、タブレット、スマートフォンなどが様々な形で私達の生活の中に溶け込んでいる。集団、社会などの誰かに合わせて生きて行かなければならない、という場面が少なくなり、人々は好きなように自由に人生を謳歌できるようになったといっていいだろう。

　一方で、人間は社会的な生き物である。わがままに自分のやりたいことを主張する反面、どこかでつながっていたい、所属していたいと不安に思う部分もある。

　第3部では現代社会におけるメディアの功罪が描かれている。

　第5章では、テレビが家族のコミュニケーションを「阻害する」場合と「促進する」場合の分析である。改めてこのやりとりの分析から気づいたのは、功罪を決めるのは使う側の問題ということだ。また、第6章では「割り込み」という日常の観察があった。それぞれのシーンで様々な可能性について触れているが、つくづく社会は「割り込み」の連続だと気づく。

　人と一緒の時間を過ごすというのは、楽しい半面、面倒くさいものである。人は我儘なのだ。私の場合は特に、面倒くさいを通り越し苦手である。この難しい問題は、私自身、永遠のテーマではあるが、我儘三昧で人生を生きていったら、人間社会では生きていくことはできないだろう。

　家庭は一番小さな社会といってもいいが、実をいうとこの小さな社会を束ねる要素は意外に少なく危うい状態なのだ。子どもが小さい時は養育する側と養育される側の関係があり、結びつきが強いといえる。しかし、それだけの関係では、子どもが自立した後はあまりお互いを必要としなくなる。これは一概に悪いことでもないのではあるが、生涯をお互いの好意をもって、または信頼関係をもって一緒に人生を重ねていくことはできないだろうか。人生100年時代である。子育て以外の期間の方が圧倒的に長いのだ。親として、一人の人間としてお互い有益な関係を続けることはできないのか、そんな課題をもちながらこのファインディングをみると、家族・家庭とは結局何なんだろうかと、考えさせられるものがある。

　明治時代から、家族という集団をしっかり固めるために、家長制度などの法整備の施策があり、その呪縛も大きかった。また、法整備だけでなく楽しいファミリー像とともに経済の成長が進み、豊かな生活をイメージする自動車、大きなリビングや大型テレビなど幸せな家族像を演出するハードも次々に生み出されてきた。果たしてそれが幸せな家族だったかどう

かはわからないが、今や一家に一台ではなく、テレビ、スマホ、車、パソコン等々、様々なものが一人一台になっている。そう、時代はパーソナル化に大きく進化しているのである。人口減少、個人化、未婚、離婚、家族は多様化する中で、どのような家の傘の下で生活する家族をやっていくのか考えさせられるものである。

　私達の人生は、決められたプログラムのように、スタートとエンドがあるわけではない。日々の綿々とつながる日常の中で、人と関わるためにどのような「割り込む」ノウハウと「割り込まれ」て場や間を修復するノウハウをつけていく必要があるのか、つくづく考えさせられた。割り込まれて脱線することで様々な気づきが生まれていく。それが豊かな人生となるのではないのだろうか。

　そうか、割り込む「勇気」と、割り込まれる「度量」。

　家族だけでなく、人間社会でしっかり生きていくために大切なことは、そこにあるのかもしれない。

コラム③　読書と育児が交差するとき

秋谷直矩（山口大学）

　子が3歳6ヶ月の頃、こんなことがあった。私の読みさしの本を子が勝手にもっていって、「ピタゴラスイッチだ！」と言いながら自分なりのピタゴラ装置を組み立てた。ピタゴラ装置とは、NHK教育テレビの番組「ピタゴラスイッチ」に出てくる装置で、日用品を様々に組み合わせて作られた装置の中や間を小さな球が多様な運動により移動するものである。ちょうどテレビで見たピタゴラ装置を覚えていて、模倣したのだろう。私はこれに対して、「人のものを勝手にもっていってはいけない」という内容の説教をしたのだが、ここで考えたいのは、なぜこのような説教をすることが可能になったのかということである。私が思うに、それは「子どもが悪さをしたから」にとどまらない。

　ごく簡単に当時のことを描写しよう。新型コロナウイルス感染症の流行で家族全員外出が減り、在宅が増えた。在宅時はなるべく子どもの視界に入るところにいて同じ空間で生活しようという私自身の方針もあって、大人それぞれの自室はあるものの、私は個人の楽しみである読書を日中はもっぱら居間の食卓でしている。自室を使うのは、ほぼ子どもが寝てからのみである。居間にはテレビや子どものおもちゃ棚があり、子どもは普段ここに常駐している。この日はいつものように私は居間の食卓にいて、本を読んでいた。それまでレゴで遊んでいた子どもは私が座っている椅子のところに突然駆け寄り、膝の上を器用に登って、私の読みさしの本を無言で取り上げて、「ピタゴラスイッチだ！」と言いながらその本を組み込んだピタゴラ装置を作ったのである。取り上げられた瞬間に私は「ちょっといま読んでるんだけど！　やめてよ！」と言った。それに何の反応もなかったので、「人のものを勝手にもっていくのはやっちゃいけないことだよ。お友達にやったら嫌われちゃうよ」と言い直して注意をした。子どもは何の意も介さず、私を無視し、作り上げたピタゴラ装置をその場所に放置して別室に行ってしまった。仕方ないので私は一人でそれを片づけ、再び本を読み始めた。このエピソードにはいくつかの興味深い論点がある。

　まず、説教という行為の精緻さである。最初に私は「ちょっといま読んでるんだけど！　やめてよ！」と言った。子どもが私の本を取り上げたことについて、当該書籍が「ちょうどいま私が読んでいる」という活動の文脈上にあることを明示したうえで、子どもの振る舞いは問題含みであることをクレームという形で伝えている。大人同士のやりとりであれば、なぜこれが問題であるかを説明することはよほどのことでない限りないだろう。しかし、相手が幼児であり、かつ幼児の教育に責任をもつ大人かつ親である私は、「人のものを勝手にもっていってはいけない」というこの社会のメンバーのあいだで共有されていることが期待される道徳的信念に言い直すことで、この事例が、この道徳的信念のパターンの証拠であることを示している。さらには、他者（お友達）がそれを共有している可能性についても言及することで、その確からしさを強めるということをやっている（すべて不首尾に終わったが）。日常生活の道徳的秩序への習熟が期待できない子どもに対する説教は、しばしばこうした大人同士のやりとりであれば省略されるパターン化された道徳的信念の存在をはっきりと述べるかたちで産出される。

　こうした形式での説教が産出されることは、この社会において子どもがいかなる存在であるのかの

一端を描き出すものでもある。社会学の一潮流であるエスノメソドロジーの創始者ハロルド・ガーフィンケルは、人々のあいだの共通理解の成立について次のように述べていた。すなわち「共通理解が可能となるのは、社会構造について範囲が厳密に規定されている知識を共有しているからではなく、もっぱら日常生活についての［背後］期待にそって行為することが、道徳的なこととして強制されているからに他ならない」（Garfinkel 1964＝1995, 57 ※傍点は原書によるもの）と。子ども、とりわけ幼児は、日常生活についての［背後］期待にそって行為する能力が十分ではないとみなされており、道徳的強制の教育的対象である。だから、幼児による道徳的秩序の違反について（程度次第ではあるが）私たちは基本的に「織り込み済み」で、よその子であれば「子どものやることだから」と免責することもしばしばである。自身の子であれば、説教する機会として利用することもある。我が家では「次にこれやったらあれちゃんと言わないとね」と親同士で事前にやり取りし、説教する機会を虎視眈々と狙うこともあった。

　とはいえ、いつでも親は説教できるわけではない。然る／叱るべき出来事が起きないと、一般に説教はできない。「人のものを勝手にもっていってはいけない」というパターン化された道徳的信念の教授を自然に成し遂げるためには、子どもがもっていったものが他人のものであって、かつその場面を親は目撃する必要がある。しかし、我が家では大人の私物はそれぞれの居室に収納されており、居間にあるものはほぼ家族の共有物である。そこに子どもが常駐しているとあっては、実際のところ「人のものを勝手にもっていってはいけない」というパターン化された道徳的信念の教授の機会を得ることは難しいように思える。

　しかし、我が家でそれが偶然にも可能になったタイミングがあったのだった。それは本というメディアをめぐる我が家のローカルな歴史、すなわち日常生活上の様々な活動や行為の文脈の交差の上にあった。まず、読書という個人的な楽しみのための活動が、新型コロナウイルス感染症流行（コロナ禍）の影響や私個人の育児・生活方針により、居間という家族の共有空間に持ち込まれることとなった文脈。ピタゴラスイッチの過去の視聴経験から、本をピタゴラ装置の部品へと（子どもにとって）転用可能にした文脈。そして、まさに私が本を読んでいたという行為の文脈。そもそも、本というメディアの携帯性も重要である。説教がなされた文脈を丁寧にたどると、本というメディアを中心に、本当にいろいろな要素がその成立に関わっていたことがわかる。出来事としては5分もなかったが、我が家に持ち込まれた本というメディアが「人のものを勝手にもっていってはいけない」という説教を可能にしたのだ。説教自体は流されてしまったが。

［参考文献］
Garfinkel, Harold, 1964, "Studies of the Routine Grounds of Everyday Activities", *Social Problems*, 11(3), 225-250.（＝北澤裕・西阪仰訳　1995「日常活動の基盤──当り前を見る」『日常性の解剖学──知と会話』マルジュ社）

あとがき

　ここであらためて、本書の背景となる共同研究が始まった経緯にふれておくことにしたい。プロローグで富田さん（以下に挙げるお名前は所属を省略し、「〜さん」で統一させていただくことをお許し願いたい）が書かれているように、直接のきっかけは筆者が住宅での「テレワーク」を研究対象としていたことにあった。昨今のコロナ禍の状況において、テレワークもようやく人口に膾炙する言葉になったものの、2010年代初頭としては、それまで政府（国交省など）からも推奨されていたにもかかわらず、一般社会にほとんど浸透しておらず、また「テレワーク」そのもののイメージや実践内容についても、テレワークに専門に関わる人々の間でさえも、必ずしも共有される部分が多くはなかった印象がある。

　というのも、筆者自身は、当初からテレワークが行われる環境としての家庭に着目し、専門家にも家族関係についてのデータ収集をもちかけていたのだが、これに対して、端的にいえば「いかに家にいることでサボらないようにさせるか」という労務管理こそが当時のテレワーク研究の中心だった。昨今の状況において家庭でテレワークにたずさわれている方々には、周囲にいる家族との関係がいかに重要であるかは日々実感されているようにも思われるが、当時の専門家からは、「家族との関係は職務外の領域であり、仕事に関係のない家族との会話など、勤務上 "怠慢" に過ぎない部分を見る必要はない」と告げられるなど、なかなか理解を得ることが難しかった。

　そのような中で、プロローグに書かれていたように、ミサワホーム総合研究所によるシンポジウムのテーマにある「住まいの環境」という言葉が目に飛び込み、会場で一縷の望みを託す思いで、自分が行ってきたビデオデータによる研究の紹介として報告書を富田さんに差し出した。その報告書がテレワークには直接関係のない「配管工事現場」の分析を記したものだったから、同じくプロローグにあるように、富田さんは面喰らわれたようだが、ここには本書にもつながるもう一つの背景があった。

　それが第1章で述べた「ワークの研究」というもので、くだんの配管工事の例も『ワークプレイス・スタディーズ』という研究書（水川・秋谷・五十嵐編 2017）として上梓している。ワークの研究で提唱されている、ある活動の領域で何がワークとして一定になされるのかを明らかにするという視点において、配管工事のような職場と家事が行われる家庭の間で、それぞれの内容は大きく異なるものの、観察という方法論として共有できる部分は大きいのではないか、という発想は早くから抱いていた。さらには、ワークの視点を取り入れることでその発想はさらに次のような展開を遂げた。——これまで家事はあくまで「家族」や「親」の役割など、ある集団の中での約束ごと（社会規範）としてあらかじめ決められているものと考えられていたが、家庭環境や家族そのものが多様化し、統一した社会規範といったものを安易に前提とすることは難しくなっている。これに対して、ワークという視点から、それぞれの「住まい」の中で行われていることを、ある状況（環境）についてそのつどに組織化される「活動」としてとらえ直すことで、別の次元について統一した形でとらえられるのではないか——こうした発想からすると、家庭での

「ワーク」として行われる、いわゆる賃金をともなう「仕事」についても、「テレワーク」にあるような「労働・労務」としての枠組みを越えて、家庭という環境（ワークプレイス）の中で行われる「活動」の一部になり、それにより家族との会話なども観察上は積極的に位置づけられるものと考えられた。

　ただし、そのような研究の背景以前に、個々の家庭で実際に何が活動として行われているのかは、いわゆるブラックボックスの状態でもあった（特に筆者には子どもがなく、育児経験もほぼない状態で、とりわけ子どもの活動は未知の世界でもあった）。そこで、幸いにも共同研究に手を差し伸べてくださった富田さんとは、ホームコモンズ設計が子どもの成長に着目していることもあり、まずは子どもの活動をビデオで観察し、家庭における子どもを取り巻く「生活者」の「行動観察研究」をテーマとすることで一致し、2013年に共同研究をスタートさせることになった。この時に、富田さんが自らのご家庭を撮影現場として提供されたことは、一定した現場を長期に渡って観察する研究上の必要性について、はかり知れない僥倖であった。ここでまずは富田さんの英断と、お連れ合いをはじめとするご家族の、現在に続く長期のご協力に大いなる感謝を示したい。

　研究メンバーについては、教育現場における子どもの活動に関する分析として目ざましい業績を挙げられていた森一平さんに当初からご協力を得られることができたほかは、筆者の見識不足からなかなか参加者を広げることができなかった。その後、ちょうど筆者が参加する機会のあった「子どもを理解／記述する実践の組織」のワークショップの主催者で、会話分析によって子どもの活動を記述する研究分野を国内外の研究者とともにリードされていた高木智世さんから、研究参加者として遠藤智子さんをご紹介いただいたのは、本書にいたる研究会の活動上画期をなすものだった。高木さんと遠藤さんが執筆に参加されている『子育ての会話分析』（高田ほか編2016、4章参照）という研究書は、本書にとって有効な先行研究例として、現在にいたるまで大いに参考にさせていただいている。

　研究を進めるにあたっての筆者の意向としては、活動を観察する現場とその撮影データを共有した上で、それをどのように専門に活用するかについては、参加者の意志に任せ、データのもつ可能性を広く社会に供することを研究会の理想とし、特に心理学分野の研究者の参加も検討していた。ちょうど筆者と同じ立教大学に所属し、以前から教育現場のビデオデータについて豊富なご業績をご恵投いただいていた石黒広昭さんから、研究会で発達心理学でのビデオデータの利用についてお話しいただいたことをきっかけに、青山慶さんを紹介いただいたことは、まさに研究会として理想とする展開であった。それは単に参加者の範囲を広げたという意味にとどまらず、家庭環境をアフォーダンスの視点から記述する青山さんの鮮やかな手法に筆者自身が大いに刺激を受けつつ、またこちらの観察結果についても大変興味を示された上で有益なご助言をいただくなど、研究上のシナジー効果を高めるものでもあった。

　ここから研究会としての活動の実態について述べると、基本的には定例の報告会として、撮影データの内容について担当者が簡単な分析知見を発表し、メンバー間で共有する形で運営をしてきた。この報告については、片づけなど活動の種類をあらかじめ定めた上で、専門的な研究関心

とは別にメンバーが交替して観察を担当することになっている。2020年度以降はコロナ禍の状況で大きく停滞しているところではあるが、それまでは年間8回程度の頻度で、一回につき一人または二人が報告を行うことを開始以来継続している。多い年で年間50時間にのぼる撮影データについて、一つの撮影事例がだいたい1～2時間にわたり、視聴するデータには生活音などが入るので早聞きもできず、報告対象として選択するだけでも相当の時間がかかるなど、参加者には相応の労力を要するため、マンパワーを如何に維持するかがカギとなった。

　そのような背景から、池上賢さんと須永将史さんには、お二人が立教大学の助教として在職している際に、いわば同僚のよしみとして、ご自身の本来の研究分野とは別に参加をお願いする形となったが、お二人とも快く引き受けられただけではなく、定例の報告会で積極的に知見を積み上げられ、その結実として本書にてそれぞれに独自の成果を示していただくこととなった。あらためてこれまでの研究会へのご尽力を労うとともに、その経験が今後のご自身の研究に活用されることを願うものである。

　ミサワホーム総合研究所の方々には、報告した研究知見の方を積極的に社内で共有いただいただけではなく、成果の一部は「ホームコモンズ実践講座」といった内容で本社のウェブサイトからも広く発信された（現在は他のコンテンツに転換）。研究会においても、研究者側が出した知見について、所員それぞれの視点からコメントをいただき、さらに年間の報告にまとめる際に知見をポイントごとに整理いただくなど、知見そのものをアウトプットとして洗練する過程に積極的に関わっていただいた。その過程は本書の冒頭から示している第一の目的としての、「生活者からの気づき」を得る点で、非常に重要な意味をもっていた。というのも、研究者は専門的な関心を優先させない前提で参加しているとはいえ、活動の様子を言葉で表す時点からすでに専門的な視点が関わってくるため、その知見の示し方も、どうしても一般には伝わりにくくなる傾向があり、そのままでは「生活者の気づき」にはいたらないおそれがあった。その点で、本書で八木邦果さんをはじめとした所員の方々に「気づき」を直接しるしていただいたのは、分析の対象となった現象がどのように再現可能なものとして観察できるのか、そしてその観察から住まいや家庭について考えるにあたって、何をどう変えることがいいのか、といった改善の道筋を得るなど、エスノメソドロジーとしての研究成果がもつ「チュートリアルな特徴」（池谷2007）を確保する一つの手立てとして意図されたことでもあった。その上でさらに、森元瑤子さんには、研究会発足当初から知見の整理に尽力されただけではなく、子育てのための休職をはさんで研究会に関わった経験を本書のコラムにつづることにより、観察という方法の意義をまさに生活者としてのご自身の立場をもって示していただいた。本書におけるこれらの内容が、読者の方が「気づき」を得る本書の目的について多大な役割を果たすものと確信している。

　以上、共同研究の経緯を示すものとしては、参加者側の方に謝辞を示すなど、いささか内向きに映るような内容だったかもしれない。これは筆者が研究を開始するにあたり、以上の方々に参加をお願いする立場であったという事情にもよるが、それ以上に、現代の日本において、特に大学を基盤として学術研究を進めるにあたって経験してきた困難さに裏打ちされているところがあ

る。つまり、研究にともなう困難があるからこそ、その上で敢えて、通常にもまして労力を要する研究過程に参加いただけることへの僥倖と、それへの感謝が、共同研究を司る立場にいるものとしては強く意識されるのである。

　その困難の第一は、現在の若手研究者を取り巻く業務の煩雑さと多忙さである。若手の研究者はまず求職をするにあたり、時間的に多大なコストをかける必要がある一方で、生活の維持のために非常勤職を掛け持ちしながら研究を続けなければならないのが通常となっている。また、幸いに常勤職を得た場合でも、学内の業務について、相対的に若手の方に重い負担がかかる仕組みになっている組織の例は、筆者個人が周囲で見聞きするだけでも決して珍しくはない。こうした状況は、そのまま若手の研究者と共同研究を組織する際に大きな障害となっている一方、若手研究者にかかる負担にはほとんど社会的に改善の兆しが見られていない。

　第二は研究の運営に関わる事務作業上のコストで、これは事務作業だからといって決して侮れず、特に大学公費については、近年の不正防止策もあって経費の管理が非常に厳しいために、研究を進めて個々の経費を執行するその都度に相当の負担を生じる状態となっている。実際のところ、研究費の申請とその執行手続きそれぞれにかかるコストの総量を考慮すると、研究の規模によっては、個人単位の研究費で賄うことにして、追加には研究費申請をしない方のメリットが大きいように意識されるほどである。これに対して、今回の共同研究のような、企業からの出資にもとづく場合は、経費の運用がはるかに容易で、結果としてより研究に専念できる環境を提供いただけたことにも、また感謝の念を強く抱くものである。

　以上で共同研究としての経緯を細かく示しているのも、こうした困難な状況におかれた若手研究者の方が、できるだけ研究以外の部分に大きなコストをかけずに研究活動を営む際の手がかりになれば、という考えにももとづいている。もちろん、本研究会自体に興味のある方がいれば、ぜひ筆者の方にご連絡いただきたい。

　次に、本研究会が今後に目指すべきところを、これまでの実績とともに示しておこう。これまでの本研究の成果の一部は、2015 年と 2017 年の国際エスノメソドロジー・会話分析会議（IIEMCA）にて研究会メンバーにより共同発表されている。2019 年の同会議には傍聴での参加ではあったが、"Kids in Interaction: EMCA Studies of Children" というセッションが開設されるなど、子どもによる活動実践の分析が核となる研究テーマとなっていることがあらためて確かめられたので、今後はこうした領域に貢献する研究成果を学術雑誌への投稿なども合わせて進めていく予定である。

　そのほかに、ワークの研究としては、筆者が関東社会学会の研究委員として企画した「はたらく経験へのアプローチ」という研究例会のシリーズの一環として、2019 年に「ワークプレイスとしての家庭：行動観察の事例分析から」というテーマのもとで、富田さんによる導入に引き続き、本書の第 1 部と第 3 部にあたる内容を森さん・池上さんと筆者により発表し、関連した分野の研究者を中心に成果を共有した。これまでは（賃金労働としての）仕事に関わるワークを分析対象にしてこなかったが、実際にテレワークが広く一般化しつつある状況でもあり、家庭の中で仕事

に関わる活動がいかに組織化されるかについて、職場での組織化に関する研究と対照させながら
進めていくことも考えられる。

　そして何より、生活者の「気づき」のために、今後も研究成果を広く社会に供する機会とその
工夫が必要であるだろう。以前には本書の刊行と並行して、育児従事者との対話を中心とした
ワークショップなども企図されたが、しばらくはコロナ禍の状況でかなわないため、時機を待つ
ところである。

　最後に、本研究および本書にこれまでに関係した方々のお名前を挙げて感謝を申し上げたい。
まず、本書に大変に素晴らしいコラムを寄せていただいた、前田泰樹さん、秋谷直矩さん。前田
さんにはオブザーバーとして研究会にも定期的に参加いただき、助言もいただいている。秋谷さ
んにはご自身の育児も忙しい中で、学会の研究例会の司会についても遠路も辞さずに務めていた
だいた。研究例会では、落合恵美子さん、五十嵐素子さんにも討論者として貴重なコメントをい
ただいた。また、酒井信一郎さんには本研究の立ち上げ時期に、ビデオデータの管理方法や、報
告のフォーマットも含めて現在にいたる研究会の原型を整えていただいた。最近では、木戸功さ
んにご自身が進められている家庭での質的調査プロジェクトとの関係でオブザーバー参加いただ
き、当研究会にも大変有益な情報を提供いただいている。

　ミサワホーム総合研究所の関係の方としては、現在の代表取締役社長である千原勝幸さん、取
締役の太田勇さんに、以前の研究会に本学まで赴いてご出席いただき、励ましの言葉をいただい
た。所員の方では、現在参加いただいている吉崎遼さんのほかに、途中の異動などもあり、本書
の刊行までにご一緒はできなかったが、大原亜沙子さん、花田貴子さん、西尾英樹さん、長谷川
恵美さんにも貴重なコメントをいただいた。また守秘のためお名前を上げることができないが、
家庭での撮影データを提供いただいた二名の方にもご家族とともに等しく感謝を申し上げたい。

　明石書店の神野斉さんには、こちらから急に持ちかける形となった本書の企画に対して、丁寧
にご対応いただき、岩井峰人さんには企画段階での原版のラフ作成から迅速なご手配をいただい
た。研究書に類するものとしては珍しいカラーページの作成など、こちらの異例な申し出にも快
く応じていただき、安心して作業することができた。

是永　論

※本研究の一部は、2017 年度から 2018 年度にわたり、立教大学学術推進特別重点資金（立教
　SFR）の助成を受けて行われた。

［文献］
池谷のぞみ　2007「小論・EM における実践理解の意味とその先にあるもの」前田泰樹ほか編『ワードマップ
　　エスノメソドロジー』新曜社、248-257 頁
水川喜文・秋谷直矩・五十嵐素子編　2017『ワークプレイス・スタディーズ――はたらくことのエスノメソドロ
　　ジー』ハーベスト社
高田明・嶋田容子・川島理恵編　2016『子育ての会話分析――おとなと子どもの「責任」はどう育つか』昭和堂

索引

青山 慶（あおやま けい）

1979 年生まれ。東京大学大学院学際情報学府博士後期課程修了、博士（学際情報学）。岩手大学教育学部准教授。専門は生態心理学、認知科学。主な論文は「他者の意図理解の発達を支える環境の記述——母子によって繰り返される積み木遊びに注目して」（単著、『認知科学』、2014 年）、『知の生態学的転回』（共著［第 3 章担当］、東京大学出版会、2013 年）。

森 一平（もり いっぺい）

1983 年生まれ。東京大学大学院教育学研究科博士後期課程修了、博士（教育学）。帝京大学教育学部准教授。専門は教育社会学、授業研究、エスノメソドロジー。主な著作は『小学校教師の専門性育成』（共著［第 1 部 14 章、第 2 部 13 章担当］、現代図書、2020 年）、「一斉授業会話における修復の組織再考」（単著、『教育学研究』、2019 年）。

八木邦果（やぎ くにか）

1982 年生まれ。法政大学大学院工学研究科建設工学専攻修士課程修了。ミサワホーム総合研究所及びプライムライフテクノロジーズ兼務。住宅商品企画・販売会社での設計業務を経て、現在は市場調査、商品企画の基礎研究、まちづくり企画を担当。一級建築士。

森元瑶子（もりもと ようこ）

1983 年生まれ。慶應義塾大学大学院開放環境科学修士課程終了。ミサワホーム総合研究所主任研究員。市場調査、住宅商品・まちづくり企画、次世代生活研究（働き方・子育て・家事など）を担当。2011 年に在宅ワーク空間「ミニラボ」コンセプト策定、商品化。

須永将史（すなが まさふみ）

1985 年生まれ。首都大学東京人文科学研究科社会行動学専攻社会学教室博士後期課程修了、博士（社会学）。小樽商科大学商学部一般教育等准教授。専門はジェンダー論、ケア論、医療社会学、EMCA。主な著作は「診察の開始位置での問題呈示はどう扱われるか——『ちょっと先生さきに相談あるんだけど』の受け止め 」（単著、『保健医療社会学論集』、2021 年）、『争点としてのジェンダー——交錯する科学・社会・政治』（共著［第 4 章担当］、ハーベスト社、2019 年）。

遠藤智子（えんどう ともこ）

1977 年生まれ。カリフォルニア大学ロサンゼルス校アジア言語文化学科修了、Ph.D（Asian Languages and Cultures）。東京大学総合文化研究科言語情報科学専攻准教授。専門は相互行為言語学。主な論文は "The benefactive *-te ageru* construction in Japanese family interaction and adult interaction" (*Journal of Pragmatics* 172 号、2021 年）、"The Japanese change-of-state tokens *a* and *aa* in responsive units" (*Journal of Pragmatics* 123 号、2018 年）等。

前田泰樹（まえだ ひろき）

1971 年生まれ。一橋大学大学院社会学研究科博士後期課程単位取得退学、博士（社会学）。立教大学社会学部教授。専門は医療社会学、エスノメソドロジー。主な著作は『心の文法』（単著、新曜社、2008 年）、『急性期病院のエスノグラフィー』（共著、新曜社、2020 年）。

池上 賢（いけがみ さとる）

1978 年生まれ。立教大学大学院社会学研究科博士課程後期課程修了、博士（社会学）。拓殖大学政経学部准教授。専門はメディア・オーディエンス研究、ライフストーリー研究、エスノメソドロジー。主な著作は『"彼ら" がマンガを語るとき、』（単著、ハーベスト社、2019 年）、『アニメの社会学』（共著、ナカニシヤ出版、2020 年）。

秋谷直矩（あきや なおのり）

1982 年生まれ。埼玉大学大学院理工学研究科博士後期課程修了、博士（学術）。山口大学国際総合科学部准教授。専門はエスノメソドロジー。主な著作は『ワークプレイス・スタディーズ——はたらくことのエスノメソドロジー』（共編著、ハーベスト社、2017 年）、『楽しみの技法——趣味実践の社会学』（共編著、ナカニシヤ出版、2021 年）。

【編著者略歴】

是永　論（これなが　ろん）
1965 年生まれ。東京大学大学院社会学研究科博士課程単位取得退学、博士（社会学）。立教大学社会学部教授。専門は情報行動論、エスノメソドロジー。主な著作は『見ること・聞くことのデザイン』（単著、新曜社、2017 年）、「メディア表現の批判と社会批判の実践――ジェンダーの表象をめぐって」（『社会学研究科年報』26 号、2019 年）。

富田晃夫（とみた　あきお）
1968 年生まれ。東京都立大学大学院システムデザイン研究科博士後期課程。プライムライフテクノロジーズ及びミサワホーム総合研究所兼務。職種はマーケティング・リサーチ及び生活価値研究からまちづくりまで多岐にわたる。成長に伴う学び環境の空間設計手法「ホームコモンズ設計」、在宅ワーク空間「ミニラボ」など企画。

エスノメソドロジー　住まいの中の小さな社会秩序

家庭における活動と学び
―― 身体・ことば・モノを通じた対話の観察から

2021 年 10 月 20 日　　初版第 1 刷発行

編著者　　　　　　　　是　永　　　論
　　　　　　　　　　　富　田　晃　夫
発行者　　　　　　　　大　江　道　雅
発行所　　　　　　　　株式会社 明石書店
　　　　　　　　〒 101-0021 東京都千代田区外神田 6-9-5
　　　　　　　　電　話　03 （5818）1171
　　　　　　　　FAX　03 （5818）1174
　　　　　　　　振　替　00100-7-24505
　　　　　　　　https://www.akashi.co.jp

装　　丁　　　　明石書店デザイン室
印刷・製本　　　モリモト印刷株式会社

（定価はカバーに表示してあります）　　ISBN978-4-7503-5263-3

幼児教育のエスノグラフィ
日本文化・社会のなかで育ちゆく子どもたち

林安希子 著　ジョセフ・トービン 協力

■四六判／上製／224頁 ◎2700円

著者がアメリカの著名な教育研究者ジョセフ・トービン氏とともに、日本の3つの幼稚園・保育園で45人の幼児教育者からの声に耳を傾けたエスノグラフィ研究。教室に入り込んで詳細に行った観察とインタビューを通して、教育の中に隠れている文化に迫る。

若者問題の社会学　視線と射程
ロジャー・グッドマン、井本由紀、トゥーッカ・トイボネン編著
井本由紀監訳　西川美樹訳
◎2600円

教育福祉の社会学　《包摂と排除》を超えるメタ理論
倉石一郎著
◎2300円

増補改訂版 看護と介護のための社会学
濱野健、須藤廣編著
◎2500円

戦争社会学　理論・大衆社会・表象文化
好井裕明、関礼子編著
◎3800円

性風俗世界を生きる「おんなのこ」のエスノグラフィ
SM・関係性・「自己」がつむぐもの
熊田陽子著
◎3000円

日本のテレビドキュメンタリーの歴史社会学
崔銀姫著
明石ライブラリー 160
◎4000円

タイム・バインド（時間の板挟み状態）働く母親のワークライフバランス
仕事・家庭・子どもをめぐる真実
A・R・ホックシールド著　坂口緑、中野聡子、両角道代訳
◎2800円

差別と排除の〔いま〕【全6巻】
町村敬志、荻野昌弘、藤村正之、稲垣恭子、好井裕明編著
◎2400円・2200円

〈価格は本体価格です〉